COLLECTION MALINET

ESTAMPES

ANCIENNES

JANVIER-FÉVRIER 1887

Me MAURICE DELESTRE
COMMISSAIRE-PRISEUR
27, rue Drouot

M. J. BOUILLON
Marchand d'Estampes de la Bibliothèque Nationale
SUCCESSEUR DE CLEMENT
Rue des Saints-Pères, 3

PARIS — 1887

CATALOGUE

D'ESTAMPES ANCIENNES

PRINCIPALEMENT

DE L'ÉCOLE FRANÇAISE DU XVIIIᵉ SIÈCLE

PORTRAITS

ET

EAUX-FORTES MODERNES

COMPOSANT LA

Collection de feu M. MALINET

Dont la vente aux enchères publiques aura lieu

HOTEL DES COMMISSAIRES-PRISEURS, RUE DROUOT, Nº 9,

SALLE Nº 4

Du Lundi 24 Janvier au Mercredi 2 Février 1887

A UNE HEURE ET DEMIE PRÉCISE

Par le ministère de Mᵉ **MAURICE DELESTRE**, Commissaire-Priseur,
rue Drouot, 27.

Assisté de M. **JULES BOUILLON**, Marchand d'Estampes de la Bibliothèque
Nationale, successeur de CLEMENT, 3, rue des Saints-Pères.

EXPOSITION PUBLIQUE

LE DIMANCHE 23 JANVIER, DE UNE HEURE A QUATRE HEURES

CONDITIONS DE LA VENTE

La vente se fera au comptant.

Les acquéreurs payeront *cinq pour cent* en sus des enchères, applicables aux frais.

M. J. Bouillon, chargé de la vente, se réserve la faculté de rassembler ou de diviser les lots.

ORDRE DES VACATIONS

Lundi	24 Janvier 1887			Nᵒˢ	1 à 266
Mardi	25	»	»		267 à 515
Mercredi	26	»	»		516 à 795
Jeudi	27	»	»		796 à 1064
Vendredi	28	»	»		1065 à 1325
Samedi	29	»	»		1326 à 1592
Lundi	31	»	»		1593 à 1856
Mardi	1ᵉʳ Février 1887				1857 à 2114
Mercredi	2	»	»		2115 à la fin.

Le quai Voltaire a été de tout temps un des lieux d'élec-
tion, je devrai dire de prédilection, du commerce de la curiosité. Pour peu qu'on ait de cheveux blancs, on se souvient des
hôtes, aujourd'hui disparus, de ce quai qu'on pourrait appeler
le quai de la curiosité ou du bibelot. Escudier, cher aux
amateurs de porcelaine et d'objets du temps de Louis XIV,
Signol, Delange, Arondel, les desservants de l'art de la
Renaissance, Malinet, dont je veux parler ici, et qui, sui-
vant les circonstances, a sacrifié aux divers dieux de l'olympe
artistique.

C'est en 1842 que M. Malinet vint s'établir au quai
Voltaire; ce n'était plus précisément un jeune homme, il
était né en 1805, le 31 mars, déjà même il était marié, et
depuis cinq ou six ans il s'occupait du commerce de la
curiosité, il s'en occupait même depuis plus longtemps,
mais de façon intermittente et par occasion. Son père,
honnête et simple artisan, avait voulu qu'il prît un état
sérieux; pour beaucoup de gens, même encore aujour-
d'hui, vendre des tableaux n'est pas beaucoup plus sérieux
que de les peindre, voire même que d'en acheter. Confec-
tionner des vêtements, être tailleur constituait une profession
plus solide, c'est celle qu'entreprit d'abord M. Malinet;
mais on tombe toujours du côté où l'on penche, dit le

proverbe, et tout en coupant un habit à la mode du jour, M. Malinet n'était pas insensible aux beautés d'un tableau ou d'un objet d'art, parfois il s'accommodait d'en prendre quelqu'un en payement de ce qui lui était dû. C'est ainsi qu'un jour, à Valenciennes, il prit, en règlement d'un solde de facture, cinq tableaux représentant des figures d'enfants ou de jeunes filles, qui se trouvèrent avoir été peints par Greuze et qu'il revendit avec bénéfice. Il n'en faut pas tant pour décider d'une vocation. Joignez à cela qu'à Paris le hasard lui avait fait connaître Febvre, dont le nom comme expert n'est pas tout à fait oublié, François, un marchand de tableaux, expert aussi à l'occasion, Warneck le père, Meffre, qui devait plus tard le présenter au comte de Morny. Il assistait à leurs conciliabules, à leurs dissertations sur l'art et sur les peintres passés et présents, il entendait leurs réflexions sur les amateurs, sur leurs goûts, j'oserai même dire leurs caprices. Il en fit son profit et après avoir, pendant quelque temps mené de front l'état de tailleur et la vente des tableaux, des estampes et des objets d'art, il abandonna définitivement le premier pour s'adonner au commerce de la curiosité.

Ce n'est point un commerce ordinaire que celui-ci, et on en trouverait difficilement un plus attrayant. Auner du drap, fût-il d'Elbeuf, vendre de la porcelaine, qu'elle vienne de Montereau ou d'ailleurs, il n'y a rien là qui parle à l'imagination ; mais quel marchand de curiosités ou de tableaux a pu manier avec indifférence une belle peinture, un émail de L. Limousin, un plat de maestro Giorgio ! Le hasard lui fait-il trouver un objet rare et précieux, il brûle du désir de l'acquérir, moins par l'appât du gain qu'il en attend que pour le plaisir qu'il aura à le posséder ; si on refuse de le lui vendre, du moins il savoure la jouissance que sa vue lui procure ; et le jour où, l'ayant acquis, il le vend, ce n'est pas sans quelque regret qu'il s'en sépare ; et comme les objets anciens sont, non moins que les tempéraments, toujours différents, leur vue procure une jouissance chaque fois nouvelle. A voir beaucoup, le goût se développe et s'aiguise ; M. Malinet, au contact des marchands de tableaux qu'il rencontrait, avait pris sur la peinture et les maîtres anciens des notions et sur le goût des amateurs des renseignements qu'il mit bientôt à profit. Servi par une disposition naturelle, son œil voyait vite et juste, il acheta des tableaux et les revendit avantageusement. Ses premiers clients furent des amateurs de tableaux, et notamment le lieutenant-général comte Despinoy, dont la collection, vendue après son décès, en 1850, contenait environ mille tableaux, parmi lesquels près de quatre cents portraits, à l'acquisition desquels M. Malinet avait contribué pour une bonne part.

De tout temps le magasin du marchand de curiosités a servi de lieu de rendez-vous aux amateurs, ils viennent oublier là un moment le souci des affaires, en devisant de choses d'art, on se félicite des trouvailles qu'on a faites, on glose sur les erreurs d'un concurrent malheureux, on s'enquiert des ventes futures, de tout ce qui touche à la curiosité, on parle de l'amateur nouveau qui entre en lice et de la faveur qui se porte sur tels et tels objets, on passe en revue les collections connues et on discute leur mérite. A cet échange de menus propos, l'hôte de céans reçoit autant de renseignements qu'il en donne. Le magasin de M. Malinet fut bientôt un de ceux où l'on se réunissait le plus volontiers. Là venaient M. Jacquinot-

Godard en quête d'une miniature qui lui fît oublier les longueurs de l'audience, M. Thiers, n'admettant pas plus la contradiction sur un bronze de la Renaissance que sur une question financière, et le duc de Cambacérès et le baron Thibon, M. Tondu et l'abbé Dufouleur et d'autres. Aussi obéissant à l'impulsion qu'on lui donnait, prompt à deviner et à saisir le goût de ses visiteurs, s'assimilant leurs connaissances avec une merveilleuse facilité, M. Malinet, sans délaisser le tableau, aborda l'objet d'art. Avec une grande prudence, mais avec une grande sureté de coup d'œil, il rechercha pour ses clients les bois sculptés, les émaux, les bronzes, les ivoires, etc. Il fit preuve dans cette évolution nouvelle d'une aptitude singulière. Y fit-il quelque école? Je ne sais, mais il n'est guère de collections vendues dans la seconde moitié de ce siècle à laquelle il n'ait fourni un sérieux contingent; combien d'émaux de la collection du baron de Theis, de faïences italiennes de celle du marquis d'Azeglio, d'ivoires de la collection Dufouleur, de miniatures chez M. Jacquinot-Godard, de sifflets amassés par Clapisson, sortaient de ses mains et avaient été vendus par lui, sans parler de la collection de M. de Lafaulotte à qui il avait procuré le beau plat de Bernard Palissy que possède aujourd'hui M. Spitzer. Son goût, dans le choix des objets qu'il présentait à ses clients, était très sûr et il avait, qualité précieuse pour un négociant, l'autorité nécessaire pour les faire valoir; il en savait faire ressortir les mérites, les qualités et les particularités qui ajoutent à la valeur d'un objet d'art. Discerner la pureté du style, l'élégance de la forme, le mérite intrinsèque d'un objet d'art, avoir le goût châtié, ce n'est pas assez pour le marchand de curiosités, il y doit joindre un certain savoir; l'objet d'art appartient souvent à l'histoire, il en retrace les événements, il a été chargé plus d'une fois d'en perpétuer le souvenir, et, faute de les connaître et de les signaler, le marchand perd tout ce qu'un peu plus de science lui ferait gagner. M. Malinet n'a pas connu de ces mécomptes, ce qu'il ne savait pas, car on ne peut tout savoir, sa finesse instinctive le lui faisait deviner.

La vente de la collection de la duchesse de Montebello marque dans la vie commerciale de M. Malinet une étape particulièrement favorable. Elle ouvrit à ses aptitudes un champ nouveau d'exploitation, il fut chargé d'y faire de nombreuses acquisitions, il en fit pour lui-même, et dès lors, les objets de Chine devinrent la principale source de son commerce et en même temps de sa fortune. Il sut donner à ce commerce des objets de l'extrême Orient une vive impulsion, il forma des clients et devint le fournisseur attitré de tous ceux qui recherchaient les assiettes coquille d'œuf, les bleus turquoise et les jaspés, il était l'âme de toutes les ventes qui se faisaient en ce genre et on se rappelle combien elles furent, en un certain temps, nombreuses et importantes. En convertissant ses clients aux laques, aux porcelaines et aux jades, il prêchait d'exemple, car on sait qu'il avait réuni une précieuse collection de ces objets, collection formée spécialement pour Mme Malinet, sa femme, qui fut pour lui, pendant sa longue carrière commerciale, une collaboratrice aussi intelligente que dévouée.

Dès lors, ses relations s'étendirent et se multiplièrent. Le duc de Morny lui donna toute sa confiance, et ne manqua pas de lui envoyer toute une clientèle princière. Il eut le talent et le mérite de toujours la satisfaire. Sans doute il était né sous une étoile heureuse, il avait aussi ce savoir-faire

honnête qui assure le succès, il savait résister à ses clients
amateurs, s'il avait la pensée qu'ils se trompaient; il les con-
seillait, les guidait avec une grande sûreté de jugement et il
exerça ainsi, sur le commerce de la curiosité, une influence
qu'il serait injuste de méconnaître.

Eut-il, comme tout le monde, des ennemis, des jaloux ? Je
n'ai pas ici mission de le rechercher; toujours est-il que lorsqu'il
mourut en 1886, après une carrière commerciale de plus de cin-
quante années, il n'avait guère perdu de clients que ceux que
la mort lui avait enlevés, et tous lui furent fidèlement attachés,
M. Dutuit surtout, qui le chargeait de toutes ses acquisitions,
du moins de celles de sa compétence ; M. Oppenheim, mort
depuis quelques années, ne lui était pas non plus l'un des
moins fidèles, et c'est par son intermédiaire qu'il eut de
M. Meissonier le *Portrait du sergent*, un des chefs-d'œuvre
du maître qui en compte tant.

Ce n'est pas sans raison que j'ai dit en commençant
que M. Malinet avait sacrifié à tous les dieux de l'Olympe
artistique; en effet, non seulement il s'est occupé, pendant sa carrière commerciale, de tableaux anciens, d'objets
de haute curiosité, de bronzes et de meubles des dix-septième
et dix-huitième siècles, mais aussi des tableaux modernes, les achetant en vente publique ou directement aux
artistes, avec quelques-uns desquels il était lié, et il faisait preuve en ces diverses spécialités du même tact, du
même goût et du même savoir. Les collections qu'il a laissées
en sont la preuve ; sa collection de gravures, dont M. Bouillon
a dressé le catalogue avec la compétence qu'on lui connaît,
est celle d'un homme très expérimenté; une collection de médailles, qu'on vendra prochainement, a été faite avec beau-

coup de savoir ; sa collection de tableaux modernes, dont une partie a été vendue, contenait et contient encore plus d'uu excellent morceau, et les collections d'objet de haute curiosité et d'objets de Chine que conservent ses héritiers sont là pour montrer comment un homme, que ses débuts dans la vie semblaient mener dans une autre voie, a pu, grâce à son intelligence et à d'heureuse aptitudes, devenir l'un des plus importants marchands de curiosités de Paris, et arriver, par son activité et sa droiture, à la fortune.

CH. PILLET.

DÉSIGNATION

ESTAMPES

ADAM (J.)

1 — Représentation de la Cérémonie du Mariage de l'archiduc François d'Autriche avec la princesse Elisabeth de
Wurtemberg, le 6 janvier 1788, Très belle épreuve.

ALBERTI, BALDI ET DAVID

2 — Sainte Madeleine enlevée au ciel par des anges (B., 63),
— Le Char d'Apollon, — L'Amour désarmé. Trois pièces. Belles épreuves.

ALBERTI ET REVERDINO

3 — Les Israélites sortant d'Egypte et emportant les vases
d'or et d'argent que les Egyptiens leur avaient prêtés
(B., 5), premier état, — La sainte Vierge montant au
ciel en présence des Apôtres (B., 36), — Jupiter et Léda
(B., 15). Trois pièces. Belles épreuves.

ALDEGREVER (H.)

4 — Adam et Eve (B., 11-12). Deux pièces. Très belles
épreuves.

5 — Loth se laisse enivrer par ses Filles (17), — Deux pièces
de la Parabole du Mauvais Riche (B., 46 et 47). Trois
pièces. Belles épreuves.

6 — Le Jugement de Salomon, 1555 (B., 29). Très belle
épreuve.

ALDEGREVER (H.)

7 — L'Histoire de Suzanne, 1555 (B., 30-33). Suite de quatre estampes. Très belles épreuves. Trois sont signées au verso, P. Mariette, 1678.

8 — Thisbé (B., 101). Très belle épreuve.

9 — Le Moine et la Religieuse, 1530 (B., 178). Bonne épreuve.

10 — La Nuit, 1553 (B., 186). Très belle épreuve.

11 — *Aldegrever* (Henri), âgé de trente-cinq ans (B., 189). Belle épreuve.

ALIBERT (A Paris, chez)

12 — Le Sommeil interrompu. Très belle épreuve avec une grande marge.

ALIX (P.-M.)

13 — *Le Vacher de Charmois* (J.-Ch.), d'après Violet, in-8 en couleur. Très belle épreuve.

14 — *Maillard* (Mme), du théâtre des Arts, d'après Garneray, in-fol. en couleur. Très belle épreuve.

15 — *Saint-Aubin* (Mme), du théâtre de l'Opéra-Comique, d'après Garneray, in-fol. en couleur. Superbe épreuve, avec grande marge.

ALTDORFER (Albert)

16 — Mercure (B., 29). Très belle épreuve.

AMAND et LACOUR

17 — La Jeune Mère, — La Leçon interrompue, etc. Quatre pièces gravées à l'eau-forte. Belles épreuves.

AMMAN (Jost.)

18 — *Coligny* (Gasp. de), amiral de France (B., 17). Belle épreuve, marge.

ANONYME FLAMAND DU XVᵉ SIÈCLE

19 — Le Christ au Tombeau. Epreuve postérieure d'une ancienne planche.

ANONYMES

20 — Le Jugement de Salomon, petite pièce in-8 en largeur.
Belle épreuve.

21 — La France encourageant Henri IV qui terrasse un moine,
— Armes historiées des jésuites. Deux pièces.

22 — Sacre de Louis XIV dans la cathédrale de Reims. —
Assassinat de Henri IV, par Ravaillac. Deux pièces. Belles
épreuves.

23 — La Nuit du 29 au 30 Aoust 1788 à la place Dauphine, à
Paris. Pièce rare.

24 — Jardin de Paphos, sur le boulevard du Temple. Pièce
coloriée.

25 — *Catherina*, infante d'Espagne, 1597, in-4. Belle épreuve.

26 — *Condé* (le Grand), représenté debout, tenant son épée
de la main droite et un bouclier de la gauche, in-fol. Très
belle épreuve avant toute lettre.

27 — *Decker*, peintre, in-8 à l'eau-forte. Très belle épreuve,
marge.

28 — *Ducis*, — Brizard. Deux portraits, in-fol., gravés par
Avril, faisant pendants. Très belles épreuves avant la
lettre, marge.

29 — *Louis XIV*, roi de France, in-fol. Belle épreuve.

30 — Louis-Charles de France, Dauphin, né le 27 mars 1785,
in-8. Portrait publié pour servir de signe de ralliement
des Chevaliers du Poignard. Très belle épreuve avant
l'inscription, marge.

31 — *Marie-Antoinette*, entre le Vice et la Vertu, d'après une
médaille. Très belle épreuve avant la lettre.

32 — *Riehel* (Edmond), docteur en théologie, in-8. Très
belle épreuve, marge.

ANSELIN (J.-L.)

33 — Parure naturelle, d'après Netscher. Très belle épreuve.

AQUILA (P.)

34 — *Christine*, reine de Suède, pour frontispice d'un Nouveau Testament, d'après Raphaël, in-fol. Belle épreuve.

AUBERT (Michel)

35 — *Louis XV*, roi de France et de Navarre, d'après N. Le Sueur, portrait équestre, in-fol. Très belle épreuve.

36 — *Louis*, Dauphin de France, d'après N. Le Sueur, in-fol. équestre. Très belle épreuve, marge.

37 — Marie-Joseph de Saxe, Dauphine de France, d'après de La Tour, in-4. Très belle épreuve.

AUBERT (J.)

38 — *Gillot* (Claude), d'après lui-même, in-fol. Belle épreuve.

AUBERT (d'après L.)

39 — Le Dessein, par Cl. Duflos. Très belle épreuve, marge.

40 — La Revendeuse à la toilette, par Cl. Duflos. Très belle épreuve.

AUBERT et BALKO (d'après)

41 — Le Billet doux, — L'agréable Lecture. Deux pièces gravées par Cl. Duflos et Gaillard. Très belles épreuves.

AUBERT, VANLOO et LECLERC (d'après)

42 — Le Peintre, par F. Basan, — L'Amour, par R. Strange, L'Enfant prodigue exigeant sa Légitime, par Gaillard. Trois pièces. Très belles épreuves.

AUBRY (d'après Ét.)

43 — Les Adieux de la Nourrice, par R. de Launay. Superbe
épreuve avant la dédicace, marge.

44 — La Bonté maternelle, — L'Occupation du Ménage. Deux
pièces gravées par Blot. Très belles épreuves, marges.

45 — L'Heureuse Nouvelle, par J.-B. Simonet. Superbe
épreuve avant la lettre, marge.

AUDINET (P.)

46 — *Angoulême* (Marie-Thérèse-Charlotte de France, duchesse d'), d'après Danloux, in-fol. Belle épreuve, avec
marge.

47 — *Artois* (Charles-Philippe de France, comte d'), d'après
Danloux, in-fol. Belle épreuve, avec marge.

48 — *Cléry* (J.-B.), serviteur de Louis XVI, d'après Danloux, in-4. Très belle épreuve, marge.

AUDOUIN (P.)

49 — *Necker* (M.), directeur général des finances, in-fol.
Très belle épreuve.

AUDRAN (G.)

50 — *Hilling* (Jordanus) (R. D., 69). Très belle épreuve du
deuxième état, avec la faute au mot *Pontificis*, écrit : *Pon-
tifisis*.

AUDRAN (B.)

51 — *Colbert* (J.-B.), d'après C. Le Febvre, in-fol. Très belle
épreuve.

52 — Louis XV, roi de France et de Navarre, jeune, en pied,
d'après Gobert, in-fol. Superbe épreuve, avec marges.

AUDRAN (B.) ET MOYREAU (J.)

53 — *Visscher* (C. de), d'après lui-même, — *Moyreau* (Jean),
d'après Nonnotte. Deux portraits in-fol. Belles épreuves.

AUDRAN (J.)

54 — *Coypel* (Noël), d'après lui-même, in-fol. Belle épreuve.

AUVRAY

55 — *Preville*, dans les Vendanges de Suresne, d'après Monet, in-fol. Très belle épreuve, toute marge.

AVELINE (P.)

56 — Flore. Très belle épreuve, marge.

57 — Vénus à sa toilette. Très belle épreuve, marge.

58 — Plan du Magazin royal des armes estably à Paris, près la Bastille. Très belle épreuve.

59 — *Monoyer* (Jean-Baptiste), d'après G. Kneller, in-fol. Très belle épreuve.

AVRIL (J.-J.)

60 — Portrait de Mme Lebrun, tenant sa fille dans ses bras, d'après elle-même, in-fol. Très belle épreuve.

BALECHOU (J.)

61 — Sainte Geneviève, d'après C. Vanloo. Très belle épreuve avant le jupon rallongé et les raies sur la tablette.

62 — *Don Philippe*, infant d'Espagne, d'après R. Viali, in-fol. Très belle épreuve.

63 — *Julienne* (J. de), directeur des Gobelins, d'après de Troy, in-fol. Très belle épreuve.

BALECHOU ET BARBIÉ

64 — *Voltaire*, d'après de La Tour, — *Estaing* (Ch. Henri, comte d'). Deux portraits in-8. Belles épreuves.

BAQUOY ET MIGNERET

65 — *Le Kain*, d'après Le Noir, in-8, — *Fleury*, acteur du Théâtre-Français, d'après Singray, in-4, avant toutes lettres. Deux pièces. Très belles épreuves.

BARBIÉ (J.)

66 — *Voltaire* (F.-M. Arouet de), — *Rousseau* (J.-J.). Deux portraits in-8, faisant pendants, imprimés en couleur. Belles épreuves.

BARTOLOZZI (F.)

67 — The Nymph of immortality attended by the loves, crowning the bust of Shakespear, d'après Cipriani. Très belle épreuve.

68 — Love Cares'd, d'après Cipriani. Très belle épreuve, marge.

69 — Jeune Femme déclamant, d'après Madan. Très belle épreuve avant la lettre, grande marge.

70 — *Abington* (M^rs), d'après Cosway, in-fol. Très belle épreuve, marge.

71 — *Devonshire* (Georgia Spencer, duchesse of), d'après lady Diana Beauclerk. Très belle épreuve.

72 — *Giardini* (Felice), musicien, portrait soutenu par Euterpe, accompagné de deux Génies ailés, d'après Cipriani, in-fol. Très belle épreuve avant la lettre.

73 — *Mary*, Queen of Scots, d'après F. Zuccheri, in-fol. en pied. Très belle épreuve.

BARTSCH (A.)

74 — Eaux-fortes, d'après les maîtres hollandais, pour illustrer les cinq premier volumes du *Peintre et Graveur*. Seize pièces.

BARY (H.)

75 — Vieille Femme vidant un vase par une fenêtre, d'après Mieris. Très belle épreuve du premier état, avant l'adresse de Koning.

76 — *La Vallière* (la duchesse de), in-fol. Belle épreuve.

BASAN (F.)

77 — Babichon, — Nicodème. Deux pièces faisant pendants, d'après L. Vigée. Belles épreuves.

78 — *Vanloo* (Carle), in-fol. Belle épreuve.

BASSET (A Paris, chez)

79 — Le Roy et la Reine descendant de carosse pour entrer dans l'église Sainte-Geneviève, 1730. Belle épreuve.

BAUDOUIN (d'après P.-A.)

80 — Allégorie (E. B., 1). Très belle épreuve.

81 — Les Amants surpris, par Choffart (E. B., 3), — Les Amours champêtres, par Choffard (7). Deux pièces. Très belles épreuves.

82 — L'Amour frivole, par Beauvarlet (6). Très belle épreuve, marge.

83 — Annette et Lubin, par N. Ponce (9). Très belle épreuve.

84 — Le Carquois épuisé, par N. de Launay (11). Très belle épreuve.

85 — Le Catéchisme, — Le Confessionnal. Deux pièces faisant pendants, gravées par P.-E. Moitte (12 et 15). Belles épreuves.

86 — Les Cerises, par N. Ponce (13). Très belle épreuve, marge.

87 — Le Chemin de la Fortune, par Voyez Major (14). Très belle épreuve, marge.

88 — Le Couché de la Mariée, par Moreau et Simonet (16). Très belle épreuve.

89 — Le Curieux, par Maleuvre (17). Très belle épreuve, marge.

90 — Le Désir amoureux, par Mixelle, en couleur (19). Très belle épreuve.

BAUDOUIN (d'après P.-A.)

91 — L'Enlèvement nocturne, par N. Ponce (20). Très belle épreuve.

92 — L'Epouse indiscrète, par N. de Launay (21). Très belle épreuve, marge.

93 — Le Fruit de l'Amour secret, par Voyez Junior (22). Très belle épreuve.

94 — Le Jardinier galant, par Helman (25). Très belle épreuve, marge.

95 — Le Lever, par Massard (29). Très belle épreuve.

96 — *Jusques dans la moindre chose*, par L.-J. Masquelier (27). Très belle épreuve.

97 — Le Léger Vêtement, par Chevillet (28). Très belle épreuve.

98 — Marchez tout doux, parlez tout bas, par P.-P. Choffard (30). Très belle épreuve.

99 — Marton, par N. Ponce (31). Très belle épreuve.

100 — Le Matin, — Le Midi, — Le Soir, — La Nuit. Suite de quatre pièces gravées par de Ghendt (32, 33, 35 et 46). Très belles épreuves.

101 — Le Modèle honnête, par Moreau et Simonet (34). Très belle épreuve.

102 — Perrette, par H. Guttenberg (36). Très belle épreuve, marge.

103 — Le Poëte Anacréon, par N. de Launay (38). Belle épreuve.

104 — La Rencontre dangereuse, par le Veau. Très belle épreuve.

105 — Sa Taille est ravissante, par le Beau (43). Très belle épreuve.

106 — La Sentinelle en défaut, par N. de Launay (44). Très belle épreuve, marge.

BAUDOUIN (d'après P.-A.)

107 — Les Soins tardifs, par N. de Launay (45). Belle épreuve.

108 — La Soirée des Tuileries, par Simonet (47). Très belle épreuve.

109 — La Toilette, par N. Ponce (48). Très belle épreuve, avec l'adresse de Mme Baudouin.

BÉATRIZET (NICOLAS)

110 — La Chute de Phaëton, d'après Michel-Ange (B. 38). Belle épreuve.

BEAUVARLET (J.-F.)

111 — Le chaste Joseph, d'après J. Nattier, — La chaste Suzanne, d'après Vien. Deux pièces faisant pendants. Très belles épreuves, marges.

112 — La Marchande d'amours, d'après Vien. Très belle épreuve.

113 — *Bouchardon* (Edme), d'après Drouais, in-fol. Belle épreuve, marge.

114 — *Molière* (J.-B. Poquelin de), d'après Bourdon, in-fol. Très belle épreuve.

BEAUVARLET (Mme)

115 — Psyché et l'Amour, d'après Galoche. Très belle épreuve, marge.

BECHON DE ROCHEBRUNE (J.)

116 — Paysage traversé par une rivière. Pièce non décrite par Robert-Dumesnil. Très belle épreuve.

BEHAM (H.-S.)

117 — Jésus-Christ et la Samaritaine (B. 124). Très belle épreuve.

BEHAM (H.-S.)

118 — Cimon nourri par sa fille, 1544 (B. 75). Très belle épreuve.

119 — Trajan (B., 82). Très belle épreuve.

120 — La Fortune contraire (B., 141). Très belle épreuve.

121 — Le Paysan à la fourche, 1542 (B., 188), — La Sentinelle auprès des tonneaux (B., 197). Deux pièces. Très belles épreuves.

122 — Les Deux bouffons (B., 213). Très belle épreuve.

BELLA (Stephanus della)

123 — Saint Prosper, évêque, descendant du ciel, pour secourir une ville assiégée, qu'on croit être celle de Reggio (J. 68). Très belle épreuve du premier état, avant les armes et la dédicace. Rare.

124 — Sujets d'enfants, Paysages et Marines.

125 — Montjoye saint Denis, Roy d'armes de France, in-8, en pied. Très belle épreuve.

BENARD (d'après)

126 — La Nourrice qui remue l'enfant, — Le Petit larron. Deux pièces gravées par Cl. Duflos et De Longueil. Très belles épreuves.

127 — Repos de chasse, par Moitte (Mme Du Barry). Très belle épreuve, marge.

BENOIST (G.)

128 — *Aved* (Jacques-André-Joseph), d'après lui-même, in-fol. Très belle épreuve).

BENOIST (A.)

129 — *Louis XV*, roi de France, d'après Blackey, in-fol. Très belle épreuve.

BENOIST (A.)

130 — *Rubens* (P.-P.), d'après lui-même, in-4. Très belle épreuve avant la lettre, marg'e.

BENOIST ET SAINT-AUBIN

131 — *Bertinazzi* (Carlin), d'après de Lorme, — *Delarive*, d'après Sauvage. Deux portraits in-8. Très belles épreuves.

BERGHEM (Nicolas)

132 — La vache qui s'abreuve (B., 1). Belle épreuve.

BERTAUX (d'après Duplessis)

133 — Le Charlatan allemand, — Le Charlatan français. Deux pièces faisant pendants, gravées par Helman. Superbes épreuves avant la dédicace, marges.

BERTAUX (H.-G.)

134 — Le moment d'hilarité universelle ou le triomphe de MM. Charles et Robert au jardin des Tuileries le 1er décembre 1783. Très belle épreuve.

BERTHAULT (P.-G.)

135 — Vue perspective de la place Louis XV et du pont Louis XVI, — Vue intérieure de Paris, prise du milieu Pont-Royal, regardant le Pont-Neuf. Deux pièces. Belles épreuves.

BERTIN

136 — La Prêtresse de Vesta (portrait de Marie-Françoise Perdrigeon, épouse d'Étienne Paul Boucher), d'après Raoux, in-fol. Très belle épreuve.

BERTONNIER ET AUDOUIN

137 — *Boulanger* (Mme), du théâtre de l'Opéra-Comique, d'après Rouget, in-4. Épreuve avant toutes lettres, plus une épreuve avec la lettre. Deux pièces.

BIGG (d'après W,-G.)

138 — A Village girl Gathering nuts, — A Cottage girl shelling pease, Deux pièces faisant pendants, gravées par W. Tomkins, élève de Bartolozzi. Très belles épreuves. Grandes marges.

BLANCHARD

139 — *Delaroche* (Paul), in-fol. Très belle épreuve avant toutes lettres, sur Chine.

BLOOTELING (A.)

140 — *Flinck* (Govaert), peintre, d'après P. Zyll. Très belle épreuve.

141 — *Govertsz vanden Wyngaert* (Tobias), d'après Van Muscher. Très belle épreuve.

142 — *Langelius* (H.), d'après F. Hals, in-fol. Très belle épreuve.

143 — *Tromp* (Cornelis), amiral, d'après P. Lely, in-fol. Bonne épreuve.

BLOT (M.)

144 — Monseigneur le Dauphin et Madame, fille du roi, d'après Mme Le Brun, in-fol. Très belle et rare épreuve, avant la dédicace.

BOILLY d'après)

145 — La Douce résistance, par Tresca, — Défends-moi, par Petit. Deux pièces. Belles épreuves.

146 — Faites la paix, réduction in-8, gravée au trait. Très belle épreuve. Rare.

147 — La Jardinière, par Tresca. Belle épreuve.

148 — Suite de la Douce impression de l'Harmonie, par Wolff, — La Comparaison des Petits pieds, par Chaponnier. Deux pièces. Belles épreuves.

BOISSIEU (J.-J. DE)

149 — Boissieu (J.-J. de), in-fol., superbe épreuve du premier état avec le portrait de sa femme sur l'estampe qu'il soutient, qui plus tard a été remplacé par un paysage.

150 — Passage de Garillano, — Le Moulin, d'après Ruisdael. Deux pièces. Très belles épreuves.

BOISSIEU, BRETEUIL (le comte DE), SAINT-NON, ETC.

151 — Paysages gravés à l'eau-forte. Sept pièces. Très belles épreuves.

BOIZOT (MARIE-LOUISE A.)

152 — Madame Élisabeth, sœur du Roy, d'après L.-S. Boizot, in-4. Belle épreuve.

BOL (F.)

153 — Le Sacrifice d'Abraham (B., 1). Belle épreuve.

154 — Le Sacrifice de Gédéon (B., 2). Belle épreuve.

155 — Portrait d'officier (B. 11). Belle épreuve.

BOL (H.)

156 — Paysages. Quatre pièces. — Belles épreuves.

BOLSWERT (B.-A.)

157 — La Vierge et l'enfant Jésus dans un médaillon entouré d'une guirlande de roses, d'après Bloemaert. Très belle épreuve.

158 — *Elisabeth*, femme de Frédéric V, comte Palatin du Rhin, vue de face à mi-corps et revêtue d'un très riche costume, d'après J. Miereveld, 1615. In-fol. Très belle épreuve. Rare.

159 — *Thibault* (Gérard), auteur de l'ouvrage intitulé l'*Académie de l'espée*, d'après Bailly. In-fol. Superbe épreuve avant le nom de D. Bailly, pinxit. Rare.

BOLSWERT (S.-A.)

160 — La Communion de sainte Rose, d'après E. Quellinus. Très belle épreuve du premier état, avec l'adresse de Martin Vanden Enden.

161 — La Vierge tenant sur ses genoux l'enfant Jésus, d'après Van Dyck. Très belle épreuve.

162 — *Bellarminus* (Robert). In-fol. Très belle épreuve.

163 — *Ruthven* (Lady Mary), d'après Ant. Van Dyck. Superbe et rare épreuve du premier état, avec le titre en deux lignes.

BONASONE (J.)

164 — Noë sortant de l'arche (B., 4). Superbe épreuve.

165 — La Vierge assise (B., 47), — La sainte Vierge assise à terre (B., 67). Deux pièces. Très belles épreuves.

166 — La Naissance de saint Jean-Baptiste (B., 76). Très belle épreuve, avec marge.

167 — Le Lever du soleil représenté d'une manière poétique (B., 99). Superbe épreuve. signée au verso : P. Mariette 1668.

168 — Scipion blessé (B., 84), — l'Amour surpris dans les Champs Élisées (B., 101). Deux pièces. Très belles épreuves.

169 — Cupidon assis près de sa mère, dans un char chargé des attributs de tous les dieux qui ont éprouvé le pouvoir de l'amour (B., 105), — Quatre nymphes assises avec des dieux marins autour d'un rocher (B., 173). Deux pièces. Belles épreuves.

BONNIEU (d'après)

170 — Les Disciples de Flore, par Godefroy. Très belle épreuve, marge.

2

BOONEN et **CH. COYPEL** ((d'après)

171 — La Toilette de nuit, — Le Négligé galant. Deux pièces faisant pendants, gravées par Carmona et N. Dupuis. Très belles épreuves.

BOREL (d'après)

172 — L'Indiscret, par Dequevauviller. Superbe épreuve, avec l'adresse du graveur, marge.

173 — L'Innocence en danger, par Huot. Très belle épreuve.

174 — L'Innocence poursuivie par l'Amour, — L'Amour puni. Deux pièces gravées par Avril. Très belles épreuves.

175 — La Morale inutile, par E. Voysard. Très belle épreuve, marge.

176 — Vous avez la clef. . . . . mais il a trouvé la serrure, par Anselin. Très belle épreuve.

BOSSE (Abraham)

177 — L'Enfant prodigue. Suite de six pièces (G. D., 34-39). Superbes épreuves avec l'adresse de Le Blond, margés.

178 — La Parabole du mauvais riche et Lazare. Suite de trois pièces, dont nous n'avons que deux (G. D., 40-42). Belles épreuves.

179 — Les Vierges sages et les Vierges folles. Suite de sept pièces (G. D., 43-49). Très belles épreuves, avec l'adresse de Le Blond, manque les n° 45 et 48.

180 — Les Œuvres de miséricorde. Suite de sept pièces (G. D., 50-56). Très belles épreuves.

181 — Titre pour les *Vertus de saint François de Paule* (G. D., 185). Très belle épreuve, avec grande marge.

182 — La Déroute et confusion des Jansénistes (G. D., 249). Très belle épreuve.

183 — Larcher Michel (G. D., 554). Très belle épreuve.

BOSSE (Abraham)

184 — Les cinq Sens. Suite de cinq estampes, dont nous n'avons que quatre (G. D., 1071, 1075). Belles épreuves.

185 — La Virilité (G, D., 1080). Très belle épreuve.

186 — Les Quatre saisons. Suite de quatre pièces (G. D., 1082-1085). Très belles épreuves, avec l'adresse de Le Blond.

187 — L'Air (G. D., 1094). Très belle épreuve avec marges. Rare.

188 — Le Prévôt des marchands, suivi des échevins de la ville de Paris, vient complimenter le Roi Louis XIII sur la prise de La Rochelle (G. D., 1187). Très belle épreuve.

189 — La même estampe. Très belle épreuve, d'un état non décrit, l'inscription du bas changée.

190 — Quatre estampes relatives à la naissance du Dauphin, imprimées sur deux feuilles (G. D., 1203-1206). Très belles épreuves.

191 — Les Noms, surnoms, qualitez, armes et blasons des chevaliers et officiers de l'ordre du Saint-Esprit. Suite de quatre pièces, dont nous n'avons que trois (G. D., 1207-1210). Très belles épreuves.

192 — Cérémonie observée au contrat de mariage passé à Fontainebleau, en présence de Leurs Majestés, entre Vladislas IV, roi de Pologne, et Louise Marie de Gonzague, princesse de Mantoue et de Nevers, le 25 septembre 1645 (G. D., 1223). Très belle épreuve.

193 — Les Vœux du Roy et de la Reyne à la Vierge (G. D., 1225). Très belle épreuve.

194 — La Joye de la France (G. D., 1226). Très belle épreuve, d'un état non décrit. On lit au bas, à droite : Avec Privilége du Roy, le 5 septembre 1638.

195 — Les Forces de la France (G. D., 1228). Très belle épreuve.

BOSSE (Abraham)

196 — *Callot* (Jacques) (G. D., 1234). Très belle épreuve.

197 — *Francine* (Alexandre) (G. D., 1237 *bis*). Belle épreuve.

198 — Louis XIII en buste de trois quarts à droite, au milieu de deux palmiers entrelacés (G. D., 1239). Très belle épreuve.

199 — Louis XIII à genoux devant un autel (G. D., 1240). Belle épreuve.

200 — La Galerie du Palais (G. D., 1267). Superbe épreuve du premier état.

201 — La même estampe. Très belle épreuve du deuxième état.

202 — L'Infirmerie de l'Hôpital de la Charité de Paris. (G. D., 1266.) Belle épreuve, les vers du bas coupés.

203 — L'Hôtel de Bourgogne. (G. D., 1268). Superbe épreuve avec l'adresse de Le Blond.

204 — Une Dame assise près d'une table tient un livre à la main et paraît chanter. (G. D., 1363.) Très belle épreuve.

205 — Une Femme se dirigeant vers la droite porte sur sa tête un pot au lait. (G. D., 1368), — Le Peintre, gravé par Michel Lasne. Deux pièces.

206 — Une Femme assise travaille à une tapisserie. (G. D., 1371.) Très belle épreuve.

207 — Le Mariage à la ville. Suite de six pièces. (G. D., 1374-1379.) Très belles épreuves avec les adresses de Le Blond et Tavernier.

208 — Le Mariage à la campagne. (G. D., 1380-1382). Suite de trois pièces. Très belle épreuves avec l'adresse de Le Blond.

209 — Le Mari qui bat sa femme, — La Femme qui bat son mari. Deux pièces. (G. D., 1383-1384.) Très belles épreuves avec l'adresse de Le Blond.

BOSSE (ABRAHAM)

210 — Le Peintre, — Le Sculpteur, — Le Graveur et L'Imprimeur. Suite de quatre pièces. (G. D., 1385-1388.) Très belles épreuves.

211 — Le Maître et la Maîtresse d'école. Deux pièces. (G. D., 1389-1390.) Belles épreuves avec l'adresse de Le Blond, une a de la marge.

212 — Les Métiers. Suite de sept pièces. (G. D., 1391-1397.) Très belles épreuves avec les adresses de Le Blond et Tavernier. Les vers du bas coupés au n° 1397.

213 — Les Femmes à table en l'absence de leurs maris. (G. D., 1399.) Très belle épreuve avec l'adresse de Le Blond.

214 — Le Bal. (G. D., 1400.) Très belle épreuve.

BOUCHER (F.)

215 — Suite de quatre sujets d'enfants. La Tourterelle mise en cage, — Le Sommeil, — Les Petits Buveurs de lait, — Le Petit Savoyard. (P. de B., 2-5.) Très belles épreuves avec la première adresse, celle d'Odieuvre.

216 — La Petite Reposée. (P. de B., 13.) Très belle épreuve, marge.

217 — La même estampe. Très belle épreuve sans marge.

218 — *Watteau* (Antoine), d'après lui-même. (P. de B., 45.) Très belle épreuve.

219 — La Troupe Italienne, d'après Watteau. (P. de B., 151.) Très belle épreuve.

220 — Panneau d'ornement en hauteur, au milieu, trois figures. Pièce attribuée à Boucher. Très belle et rare épreuve avant toutes lettres.

BOUCHER (d'après F.)

221 — Abreuvoir d'Oiseaux, par Chedel. Très belle épreuve, grande marge.

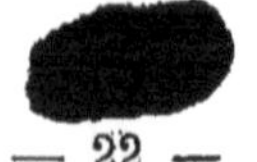

BOUCHER (d'après F.)

222 — L'Agréable leçon, par R. Gaillard. Très belle épreuve, marge.

223 — L'Aimable ménagère, par P. Duverbret. Très belle épreuve, marge.

224 — L'Aimable villageoise, sans nom de graveur. Très belle épreuve. Rare.

225 — Les Amans surpris, par R Gaillard. Très belle épreuve.

226 — L'Amour désarmé, par Fessard. Très belle épreuve, marge.

227 — L'Amour enchaîné par les Grâces, — L'Hymen et l'Amour. Deux pièces faisant pendants, gravées par Beauvarlet. Très belles épreuves.

228 — L'Amour instruit par Mercure. Très belle épreuve, grande marge.

229 — L'Amour moissonneur, — L'Amour nageur, — L'Amour vendangeur. Trois pièces gravées par Lépicié, Fessard et Aveline. Très belles épreuves, marges.

230 — L'Amour nageur, — L'Amour vendangeur. Deux pièces doubles des précédentes. Très belles épreuves du premier état, avec l'adresse d'Odieuvre.

231 — Les Amours pastorales, par Cl. Duflos. Suite de quatre pièces. Superbes épreuves, toutes marges.

232 — L'Amour modeste, par J. B. Michel. Très belle épreuve, grande marge.

233 — L'Amour ranime Aminte dans les bras de Silvie, par Lempereur. Belle épreuve.

234 — Les Amusements de la Campagne, par J. Daullé. Très belle épreuve, marge.

235 — Arion, par Saint-Aubin et Pasquier, — Andromède, par P. Aveline. Deux pièces. Très belles épreuves.

236 — Les Bacchantes endormies, par R. Gaillard. Très belle épreuve, grande marge.

BOUCHER (d'après F.)

237 — La Baigneuse surprise, par J. Daullé. Très belle épreuve.

238 — La Belle cuisinière, par P. Aveline. Très belle épreuve.

239 — La Belle dormeuse, par W. Ryland. Très belle épreuve.

240 — La Belle villageoise, par Soubeyran. Très belle épreuve, grande marge.

241 — Le Berger napolitain, — Le Rafraîchissement des voyageuses. Deux pièces faisant pendants, gravées par J. Daullé. Très belles épreuves, marges.

242 — Le Berger récompensé, par R. Gaillard. Très belle et rare épreuve avant toutes lettres, à l'état d'eau-forte, marge.

243 — La même estampe. Belle épreuve.

244 — Bergères au bain, par Borgné. Très belle épreuve.

245 — Les Bergers à la fontaine, par Fessard. Très belle épreuve, marge.

246 — La Blanchisseuse, — Le Puits. Deux pièces, gravées par Chedel. Très belles épreuves.

247 — La Bohémienne, — La Chaumière. Deux pièces, gravées par de Lalive de July. Très belles épreuves.

248 — La Bonne aventure, — La Fontaine de l'Amour, — Le Trébuchet. Trois pièces, gravées par Aveline. Superbes épreuves, grandes marges.

249 — La Bonne mère, par Ingram. Très belle épreuve, marge.

250 — La Bouquetière, par ·····. Superbe épreuve. Très rare.

251 — Cartouche ornementé, avec figures, gravé par Huquier. Très belle épreuve.

252 — Cérès endormie, par Basan. Très belle épreuve. Grande marge.

BOUCHER (d'après F.)

253 — Les Charmes de la vie champêtre, par J. Daullé. Très belle épreuve.

254 — Les Charmes du printemps, — Les Plaisirs de l'été, — Les Délices de l'automne, — Les Amusements de l'hiver. Suite de quatre pièces faisant pendants, gravées par Daullé. Très belles épreuves.

255 — La Chasse, par Beauvarlet. Très belle épreuve, grande marge.

256 — Chasse au tigre, par J.-J. Flipart. Belle épreuve.

257 — Le Château de cartes, par J.-M. Liotard. Très belle épreuve, marge.

258 — Colombier, par Chedel. Très belle épreuve.

259 — La Confidence, — Le Billet doux. Deux pièces faisant pendants gravées par Miger. Très belles et rares épreuves du prémier état, avec la dédicace et les armes, qui plus tard furent changés.

260 — La Blessure sans danger, même composition que celle ci-dessus sous le titre de : *Le Billet doux.* Épreuve avec les armes effacés et le titre changé.

261 — Les Confidences pastorales, — Érigone vaincue. Deux pièces gravées par Pinguet. Belles épreuves.

262 — La Coquette, — L'Oiseau chéri. Deux pièces faisant pendants gravées par J. Daullé. Très belles épreuves.

263 — La Cornemuse, par Huquier. Très belle épreuve, marge.

264 — Une Cour de ferme, par Basan. Très belle épreuve avant la lettre.

265 — Le Déjeuné, par Lépicié. Très belle épreuve, grande marge.

266 — Départ de Jacob, par Élizabeth Cousinet. Très belle épreuve, grande marge.

BOUCHER (d'après F.)

267 — Les Deux Confidentes, par J. Ouvrier. Très belle épreuve, avec marge.

268 — Le Dévot hermite, par Chedel. Très belle épreuve.

269 — Diane et Actéon, par P.-F. Tardieu. Superbe épreuve avant toute lettre, marge.

270 — La même estampe. Très belle épreuve.

271 — Diane au retour de la chasse, — Erigone vaincue, — La Toilette pastorale, — Les confidences pastorales. — Suite de quatorze pièces gravées par Cl. Duflos. Très belles épreuves.

272 — Les Différents génies de la sculpture, par C. Le Vasseur. Très belle épreuve.

273 — Diplôme des francs-maçons, pour la loge de Bordeaux, par Choffard. Très belle épreuve.

274 — La Dormeuse, — La Voluptueuse. Deux pièces faisant pendants gravées par Poletnich et J.-B. Michel. Très belles épreuves.

275 — Les Douceurs de l'été, par Moitte. Belle épreuve.

276 — L'École de l'Amitié, par Delastre. Superbe épreuve, grande marge.

277 — Les Éléments. Suite de quatre pièces gravées par J. Daullé. Très belles épreuves, dont trois avec grandes marges.

278 — Les Éléments. Suite de quatre pièces gravées par — Cl. Duflos. Très belles épreuves, grandes marges.

279 — Elle mord à la grappe, — De trois choses en ferez-vous une. Deux pièces faisant pendants gravées par J.-J Pasquier. Très belles épreuves, grandes marges.

280 — Les Enfants faucheurs. Pièce sans noms d'artistes. Très belle épreuve.

281 — L'Enlèvement d'Europe, par Pelletier. Très belle épreuve, grande marge. Rare.

BOUCHER (d'après F.)

282 — Étude dessinée par F. Boucher et gravée par Et. Fessard. Très belle épreuve.

283 — Étude dessinée par François Boucher. (Femme nue), gravée par Fessard et Edme Nochez. Très belle épreuve.

284 — La Fécondité, par R. Gaillard. Très belle et rare épreuve avant toute lettre, à l'état d'eau-forte, marge.

285 — La même estampe. Très belle épreuve, grande marge.

286 — Femme nue endormie. Étude d'après Boucher, gravée par Ed. Nochez sous la conduite de Fessard. Très belle épreuve.

287 — La Ferme, par Chedel, — Entrée d'un village, par Saint-Non. Deux pièces. Belles épreuves.

288 — Les Fruits du ménage, par Le Vasseur. Superbe épreuve avant toute lettre.

289 — Les Fruits du ménage, par Le Vasseur. Très belle épreuve, grande marge.

290 — Le Goûter de l'Automne, — L'Obéissance récompensée, Deux pièces faisant pendants, gravées par R. Gaillard. Belles épreuves.

291 — Les Grâces au bain, — Les Nymphes au bain. Deux pièces faisants pendants gravées par Ryland et J. Ouvrier. Très belles épreuves.

292 — Les Grâces au tombeau, de Watteau (P. de B. 44). Très belle épreuve d'une estampe gravée par Boucher.

293 — L'Hiver, — Le Printemps. Deux pièces gravées par Cl. Duflos. Belles épreuves, sans marge.

294 — Composition in-fol. en hauteur, pour : l'*Histoire de Louis XV par médailles*. Très belle épreuve avant toute lettre, marge.

295 — Hygie, déesse de la santé, par de Lalive de July. Très belle épreuve.

BOUCHER (d'après F.)

296 — Isméne et Daphnis, par Ebertz. Superbe et rare épreuve avant toute lettre, toute marge.

297 — La même estampe. Très belle épreuve.

298 — La Jardinière fleuriste, par Bonnet. Belle épreuve.

299 — Jeune Fille debout portant une corbeille, par Lalive de July. Très belle épreuve, grande marge.

300 — Jeune Fille sacrifiant sur l'autel de l'Amour, par Lalive de July. Très belle épreuve, marge.

301 — Jupiter et Calisto, par R. Gaillard. Très belle épreuve avant la lettre.

302 — La même estampe. Très belle épreuve, marge.

303 — Jupiter et Léda, par Ryland. Très belle épreuve, marge.

304 — La Lumière du Monde (la Nativité), par Et. Fessard. Très belle épreuve, grande marge.

305 — La Marchande de modes, par R. Gaillard. Très belle épreuve, grandes marges.

306 — Le Matin, — Le Midi, — L'Après-Dîner, — Le Soir. Suite de quatre pièces gravées par Petit. Très belles épreuves, plusieurs avec marges.

307 — Le Messager discret, par R. Gaillard. Très belle et rare épreuve avant toutes lettres, à l'état d'eau-forte, marge.

308 — Le Moineau apprivoisé, par R. Gaillard. Très belle épreuve, marge.

309 — Monument funèbre de Mlle Sandow, à Berlin, par Eberts. Très belle épreuve.

310 — La Mort d'Adonis, par Michel Aubert. Très belle épreuve, marge.

311 — La Mort d'Adonis, par C. Le Vasseur. Très belle épreuve.

BOUCHER (d'après F.)

312 — La Mort d'Adonis, par Surugue. Très belle épreuve, marge.

313 — Moulin, près Chatou, par Basan. Très belle épreuve, marge.

314 — Le Moulin, — Le Pont de pierre. Deux paysages faisant pendants, gravés par Laurent. Belles épreuves.

315 — Le Mouton favori, par Mme Jourdan. Très belle épreuve avant la lettre, marge.

316 — La Muse Clio, — La Muse Erato. Deux pièces faisant pendants, gravées par J. Daullé. Très belles épreuves. marge.

317 — La Musique, par P. Aveline. Très belle épreuve, marge.

318 — La Musique pastorale, par J. Daullé. Belle épreuve.

319 — La Naissance d'Adonis, par G. Scotin. Très belle épreuve.

320 — Naissance de Bacchus, par P. Aveline. Très belle épreuve, grande marge.

321 — La Naissance de Vénus, — La Toilette de Vénus. Deux pièces faisant pendants, gravées par Claude Duflos. Très belles épreuves.

322 — Naissance et Triomphe de Vénus, par Daullé. Superbe épreuve.

323 — La même estampe. Belle épreuve.

324 — La Nativité, — La Fille à L'Oyseau. Deux pièces gravées par Huquier. Très belles épreuves, marges.

325 — Neptune et Amymone, par Danzel. Très belle épreuve.

326 — Ninette (Portrait de Mme Favart), — Sujet tiré d'une des comédies de Favart. Deux vignettes in-8 gravées par Le Bas pour servir de frontispice aux œuvres de Favart.

327 — Nymphes au bain, par Legros. Très belle épreuve.

BOUCHER (d'après F.)

328 — L'Oiseau privé, par Flipart le jeune. Belle épreuve.

329 — Le Panier mystérieux, par R. Gaillard. Très belle épreuve, grande marge.

330 — Pan et Syrinx, par Martenasie. Très belle épreuve, marge.

331 — Le Pasteur complaisant, par A. Laurent. Très belle épreuve, grande marge.

332 — Le Pasteur galant, par A. Laurent. Très belle épreuve, toute marge.

333 — Pastourelle portant des cages d'oiseaux, par Lalive de Jully. Très belle épreuve, toute marge. Rare.

334 — La Pêche, par Gaillard. Superbe et rare épreuve avant toutes lettres.

335 — Le pêcheur, — Le Pont rustique. Deux pièces faisant pendants, gravées par Chedel. Très belles épreuves, marges.

336 — La Peinture, par Marie-Madeleine Igonet. Superbe épreuve, avec marge. Rare.

337 — Pensent-ils au raisin? par J.-P. Le Bas. Très belle épreuve.

338 — Le Petit Ménage, par de Fehrt. Très belle épreuve, grande marge.

339 — La Petite Maîtresse d'école, par de Fehrt. Très belle épreuve, grande marge.

340 — La Poésie satyrique, — La Poésie épique, — La Poésie lyrique, — La Poésie pastorale. Suite de quatre pièces gravées par Cl. Duflos. Très belles épreuves.

341 — Première vue de Fronville, — Deuxième vue de Fronville. Deux pièces faisant pendants, gravées par Ryland. Très belles épreuves avant la lettre.

342 — Psyché refusant les honneurs divins, par Parizeau. Très belle épreuve, marge.

BOUCHER (d'après F.)

343 — Le *Quos ego*, par Aveline. Très belle épreuve.

344 — La même composition, gravée par J.-B. Tilliard, en contre-partie. Très belle épreuve, marge.

345 — Repos des Bergers, composition dans un cartouche ornementé, par Huquier. Très belle épreuve.

346 — Le Réveil, par P.-C. Lévesque. Superbe épreuve du premier état, avec l'adresse du graveur.

347 — La Rêveuse, par Beauvarlet. Très belle épreuve, grande marge.

348 — Les Sabots, par R. Gaillard. Très belle et rare épreuve avant toutes letres, à l'état d'eau-forte, marge.

349 — La même estampe. Très belle épreuve.

350 — La Sainte-Cène, par J.-B. Huet. Belle épreuve.

351 — Les Soins maternels, — Pescheurs, — La Balançoire. Trois pièces gravées par Huquier. Très belles épreuves.

352 — Le Sommeil, — Le Réveil. Deux pièces faisant pendants, gravées par Huquier fils. Très belles épreuves.

353 — Sylvie délivrée par Aminte, par R. Gaillard. Très belle épreuve.

354 — Sylvie fuit le Loup qu'elle a blessé, par Lempereur. Très belle épreuve.

355 — Le Tribut de la Reconnaissance, par Eberts. Très belle épreuve, marge.

356 — Triomphe de Priape, — Hommage champêtre. Deux panneaux décoratifs en hauteur, gravés par Cl. Duflos. Très belles épreuves.

357 — Le Trait dangereux, par Poletnich. Très belle épreuve, toute marge.

358 — Vénus et l'Amour, étude dessinée par F. Boucher et gravée par Edme Nochez. Très belle épreuve, grande marge.

BOUCHER (d'après F.)

359 — Vénus et l'Amour, par P. Aveline. Très belle épreuve.

360 — Vénus et les Amours, par R. Gaillard. Superbe et très rare épreuve avant toutes lettres.

361 — Vénus donnant du nectar à l'Amour, par F. Basan. Très belle épreuve, marge.

362 — Vénus endormie près de l'Amour, par Aubert. Très belle épreuve, avec l'adresse de Drouais.

363 — La même estampe. Très belle épreuve, avec l'adresse de Basan, marge.

364 — Vénus et Enée, par P.-F. Courtois. Très belle épreuve, marge.

365 — Vénus entrant au Bain, par Michel. Très belle épreuve, grande marge.

366 — Vénus, se préparant pour le Jugement de Paris, reçoit la pomme des mains de l'Amour, par de Lorraine. Très belle épreuve, marge.

367 — Vénus sortant du Bain, par J.-B. Michel. Très belle épreuve.

368 — Vénus sur les Eaux, par P.-E. Moitte. Très belle épreuve, marge.

369 — Vénus sur les Eaux, par J.-C. Le Vasseur. Superbe épreuve, grande marge.

370 — Vertumne et Pomone, par Aug. de Saint-Aubin. Très belle épreuve, marge.

371 — La Vie Champêtre, par Elisabeth-Marlié Lépicié. Très belle épreuve, grande marge.

372 — Vue des environs de Beauvais, — Seconde Vue de Beauvais. Deux pièces gravées par J.-Ph. Le Bas. Très belles épreuves, marges.

373 — Première Vue des environs de Charenton, — Seconde Vue des environs de Charenton. Deux pièces faisant pendants, gravées par J.-Ph. Le Bas. Très belles épreuves.

BOUCHER (d'après F.)

374 — Vue de la Tour du Diable, près de Blois, — Vue du Pont des Lavandières dans le Clos-Payen. Deux pièces faisant pendants, gravées par Chedel. Très belles épreuves, marges.

375 — Vues d'après nature, dessinées par F. Boucher, gravées par Basan. N°s 1, 1 *bis* et 2. Trois pièces. Très belles épreuves, marges.

376 — Le Portrait du Prince Eugène et de Marlborough, dans deux médaillons, au milieu de figures. allégoriques, par G. Scotin. Très belle épreuve.

377 — Allégorie sur Louis XV, — La Sultane, — Frontispice pour l'*Académie de chirurgie*, — L'Oiseau favori, — Enfants couchés, — Etude de tête, d'après Watteau. Six pièces gravées par Boucher, Le Bas, Duflos et Saint-Aubin. Belles épreuves.

378 — Groupes d'enfants gravés par Aveline et Huquier. Cinq pièces. Belles épreuves.

379 — Livre des Arts. Suite de six pièces gravées par Hertel. Belles épreuves.

380 — Pastorales gravées par Huquier. Trois pièces. Belles épreuves.

381 — Vignettes pour les *Métamorphoses* d'Ovide, — Adam et Eve, etc. Quatre pièces. Très belles épreuves.

382 — Vignettes in-4 gravées par Laurent Cars, pour les Œuvres de Molière. Onze pièces. Très belles épreuves.

PIÈCES GRAVÉES A LA SANGUINE ET AUX TROIS CRAYONS

383 — Allégorie publiée à l'occasion du Renouvellement du Mariage de Monsieur et Mme Cuisy, par Demarteau (86). Très Belle épreuve.

384 — Les Amants surpris, par Demarteau. Epreuve imprimée en noir, avant toute lettre.

BOUCHER (d'après F.)

385. — L'Amour rendant hommage à sa Mère, gravé en couleur, par Janinet. Très belle épreuve.

386 — Amours. Deux petites pièces en forme de frises, gravées par Demarteau. Belles épreuves.

387 — Amours sur des Dauphins, — Bouquetière au repos. Deux pièces gravées par Demarteau (108 et 163). Très belles épreuves.

388 — Amours tenant des raisins, aux trois crayons, par Demarteau (518). Très belle épreuve.

389 — Amours tenant un pigeon, — Les Enfants guerriers. Deux pièces par Demarteau (252-253). Très belles épreuves.

390 — Ange et Amours sur des nuages, par Demarteau (205). Très belle épreuve.

391 — L'Attention dangereuse, par Demarteau (204). Très belle épreuve, toute marge.

392 — Bacchante couchée, par Petit. Très belle épreuve, marge.

393 — Le Bain de Léda, gravé en couleur, par L'Eveillé. Très belle épreuve.

394 — Béatification de sainte Jeanne-Françoise Frémiot, baronne de Chantal, par Bonnet. Très belle épreuve.

395 — Berger et Bergère jouant de la flûte, aux trois crayons, par Demarteau (551). Belle épreuve.

396 — Bergère assise, par Demarteau (163). Belle épreuve.

397 — Bergère au bain surprise par son Berger, par Demarteau. Belle épreuve.

398 — Bergère endormie, par Demarteau (111). Très belle épreuve.

399 — La Bohémienne, — La Bouquetière, — L'Amour. Trois pièces gravées par Demarteau (44, 124, 197). Très belles épreuves.

BOUCHER (d'après F.)

400 — C'est la fille à Simonette ! par Demarteau (59). Très belle épreuve, marge.

401 — Cour de ferme, par Demarteau (11). Très belle épreuve.

402 — Deux jeunes femmes au bain, par Demarteau (320). Très belle épreuve.

403 — La Dormeuse, par Bonnet (136). Très belle épreuve.

404 — La Dormeuse, par Bonnet. Belle épreuve.

405 — L'Éducation de Bacchus, à la sanguine, par Demarteau (117). Très belle épreuve.

406 — La Fidélité, par Demarteau (162). Très belle épreuve, marge.

407 — Groupe d'amours soutenant un médaillon représentant Vénus couchée, par Demarteau (99). Très belle épreuve.

408 — Groupe d'amour, par Demarteau (110). Très belle épreuve.

409 — La Jardinière, par Demarteau. Très belle épreuve.

410 — Jardinière assise avec un enfant, par Bonnet. Très belle épreuve.

411 — Jeune femme en buste, appuyée sur le dos d'un fauteuil, par Demarteau (127). Très belle épreuve, marge.

412 — Jeune femme en buste, à la sanguine, par Bonnet (198). Très belle épreuve, marge.

413 — Jeune femme à moitié nue avec draperies, gravé aux deux crayons par L. Bonnet. Très belle épreuve, imprimée sur papier bleu, marge.

414 — Jeune femme à moitié nue assise sur un lit, gravé aux deux crayons, par L. Bonnet. Très belle épreuve, imprimée sur papier bleu, marge.

415 — Jeune femme nue couchée sur des draperies, aux trois crayons, par Demarteau (552)). Très belle épreuve.

BOUCHER (d'après F.)

416 — Jeune femme assise avec son enfant, devant une che-
minée, — Jeune mère tenant son enfant dans un chariot,
Deux pièces gravées aux trois crayons par Demarteau.
Belles épreuves.

417 — Jeune femme jouant avec un chien, par Demarteau
(323). Très belle épreuve, marge.

418 — Jeune fille avec trois enfants, — Jeune femme assise
tenant une cruche. — Deux pièces gravées par Demarteau (77 et 81). Très belles preuves, marges

419 — Jeune fille tenant un chat dans un panier, par Demarteau (198). Très belle épreuve, marge.

420 — Jeune mère donnant la bouillie à son enfant, gravé aux
trois crayons, par L. Bonnet. Très belle épreuve.

421 — Les Jeunes cuisinières, par Demarteau (72). Très belle
épreuve, marge.

422 — Les Jeux de l'amour. par L. Bonnet (77). Très belle
épreuve, marge.

423 — La Laveuse, par L. Bonnet. Très belle épreuve.

424 — Les Lessiveuses, par Demarteau. Très belle épreuve.

425 — La Maraudeuse de fleurs, à la sanguine, par Demarteau (85). Très Belle épreuve.

426 — La Maraudeuse de fleurs, — Le Dénicheur de merles.
Deux pièces faisant pendants, gravées par Demarteau (34
et 35). Très belles épreuves, marges.

427 — Marchande de fleurs, par Demarteau. Belle épreuve.

428 — Mendiante avec ses enfants, — Retour de l'école, —
Promenade dans les champs. Trois pièces par Demarteau.
belles épreuves.

429. — Moutons et chèvres, par Demarteau. Deux pièces faisant pendants. Très belles épreuves, dont une avant toute
lettre.

BOUCHER (d'après F.)

430 — Les Nourrices, par Janinet. Très belle épreuve, marge.

431 — Nymphe, — Vénus couchée. Deux pièces faisant pendants, gravées à la manière du pastel, par Petit, d'après les dessins du cabinet de Monsieur le chevalier d'Arcy. Très belles épreuves, marges.

432 — Nymphe couchée, à la sanguine, par Petit (46 cat. Bonnet. Très belle épreuve, marge.

433 — Nymphes couchées, — Vénus couronnée par les amours. Deux pièces gravées aux trois crayons, par Demarteau. Belles épreuves, sans marge.

434 — La Peinture, par Demarteau (1136). Très belle épreuve.

435 — Portrait de Mlle de Henzy, par Bonnet (178). Très belle épreuve.

436 — Le Repos champêtre, — Le Retour des champs, — Vénus au bain, — La Bergère bienfaisante, — Le Doux entretien, — L'Agréable surprise, — Le Sommeil interrompu, — Les Amants heureux. Suite de huit pièces gravées par L. Bonnet (184 à 191). Superbes épreuves avec marges.

437 — Le Sommeil de Vénus, gravé aux deux crayons, par L. Bonnet. Très belle épreuve, grande marge.

438 — Tête d'amour (270), — Jeune fille coiffée d'un bonnet à ailes pendantes. Deux pièces par Demarteau. Belles épreuves.

439 — Le Triste souvenir, — La Correction maternelle, — Les Vendanges, — Vénus aux colombes, etc. Cinq pièces par Parizeau, Le Prince, Saint-Non et Bonnet.

440 — Vénus aux colombes, par Demarteau (88). Très belle épreuve, grande marge.

441 — Vénus et l'amour, gravé aux deux crayons, par L. Bonnet. Très belle épreuve, imprimée sur papier bleu, marge.

BOUCHER (d'après F.)

442 — Vénus et l'amour, gravé à la sanguine, par Demarteau (319). Très belle ébreuve, marge.

443 — Vénus et l'amour, par Demarteau. Belle épreuve.

444 — Vénus et l'amour couchés sur un lit, par Demarteau (46). Très belle épreuve, toute marge.

445 — Vénus et l'amour endormis, par Demarteau. Très belle épreuve.

446 — Vénus et l'amour couchés sur des draperies, par Petit, Très belle épreuve, marge.

447 — Vénus surprise par l'amour, aux trois crayons, par Bonnet. Très belle épreuve.

448 — Vénus et les amours, à la sanguine, par Demarteau (47). Très belle épreuve, marge.

449 — Vénus assise sur un lit, — Enfant jouant du biniou. Deux pièces gravées par Demarteau (45 et 214). Belles épreuves.

450 — Vénus caressée par l'amour, aux trois crayons par C. Bonnet. Belle épreuve.

451 — Vénus couchée, vue de dos, le bras droit étendu, par Petit. Très belle épreuve.

452 — Vénus couchée, vue de dos, tenant une colombe attachée par un ruban, par Demarteau. Très belle épreuve, sans marge.

453 — Vénus désarmée par les amours, aux trois crayons, par Demarteau (379). Très belle épreuve.

454 — Vénus sur les eaux, par Demarteau (53). Très belle épreuve.

455 — Vénus vue de dos, couchée sur des draperies, par Demarteau. Très belle épreuve.

BOUCHER ET PIERRE (d'après)

456 — Les Présents du berger, — Les Serments du berger.
Deux pièces faisant pendants, gravées par Lempereur.
Très belles épreuves, marges.

BOUCKEL (ANNA VAN)

457 — Le Prince Antoine de Portugal, d'après Dumoustier,
in-8. Belle épreuve avec marge.

BOUDAN (excudit)

458 — *Marie Stuart*, reine d'Écosse, in-8. Belle épreuve.

BOULOGNE, CH. COYPEL ET J. DUMONT (d'après)

459 — Actéon, petit-fils de Cadmus, métamorphosé en cerf,
— La Coquette, — La Bohémienne. Trois pièces gravées
par Sornique, Lépicié et Daullé. Très belles épreuves,

BOULANGER ET DARET

460 — *Marsillac* (M. de), d'après J. François, — *Du Verger
de Hauranne*, d'après Dumoustier. Deux pièces. Belles
épreuves.

BOYVIN (RENÉ)

461 — L'Ignorance vaincue, d'après Maitre Roux, copie en
contre partie (R. D., 16). Très belle épreuve.

462 — La Nymphe de Fontainebleau, d'après Maître Roux,
(R. D., 18). Très belle épreuve.

BRIOT (J.)

463 — Louis XIII, roi de France (R. D., 186). Très belle
épreuve.

BROSAMER (HANS)

464 — Dalila et Samson, 1545 (B., 1). Très belle épreuve.

BRUYN (N. de)

465 — Fête donnée dans les jardins d'un château, d'après David Vinckboons, — Le prophète Ezéchiel transporté par l'esprit de Dieu dans une campagne, où il voit des ossements secs qui reprennent leurs chairs, 1606. Deux pièces. Belles épreuves.

BRY (J. Th. de)

466 — Fond de coupe, ou est représenté Sardanapale servi dans le bain par ses concubines. Très belle épreuve.

CALLOT (J.)

467 — La Tentation de saint Antoine. (M. 139). Très belle épreuve.

468 — Deruet (Claude), peintre du duc de Lorraine et Chevalier de l'ordre du Portugal (M., 505). Très belle épreuve du premier état.

469 — Le Parterre ou jardin de Nancy, (M. 621), superbe épreuve du premier état, avant l'adresse d'Israël Silvestre.

470 — Le Jeu de boules, — La Petite vue de Paris (M., 702). Deux pièces. Très belles épreuves.

CAMPAGNOLA (J.)

471 — Ganimède (B., 5). Bonne épreuve, 2ᵉ état.

472 — Sainte Geneviève (Pass. 10), copie en contre partie de la gravure d'Albert Durer. Bonne épreuve.

CAMPIONS (Chez les)

473 — Vue du Jardin du Palais-Royal, avec le nouveau cirque. Petite pièce, de forme ronde, gravée en couleur d'après Sergent. Très belle épreuve.

CAMPIONS (Chez les)

474 — Vue de Notre-Dame de Paris, — Vue du Palais de Justice, — Vue de l'Intérieur des enfants trouvés, — Vue de
la Bastille. Quatre pièces en couleur. Très belles
épreuves.

475 — Vues de Paris, gravées en couleurs, d'après Testard et
Sergent, par Roger et Le Campion fils, dix-neuf pièces.
Très belles épreuves.

CANALE (G.)

476 — *Marie-Antoinette*, Princesse Royale de Pologne, d'après
elle-même, in-fol. Très belle épreuve, marge.

CANALETTI (Ant.)

477 — Vues de Venise et des environs, gravées à l'eau-forte
par le maître. vingt-cinq pièces. Superbes et rares épreuves
avant les lettres et les numéros au bas de la droite.

CANOT (d'après)

478 — Le Gâteau des rois, — Le Maître de danse. Deux pièces
faisants pendants, gravées par Le Bas. Très belles
épreuves, marges.

479 — La Souhait de la bonne année au grand-papa, par Ph.
Le Bas. Très belle épreuve, marge.

CARAGLIO (J.)

480 — Les Muses et les Filles de Piérus (B., 53). Belle
épreuve.

481 — La Bataille au bouclier sur la lance, d'après Raphaël
(B., 59). Très belle épreuve.

CARRÉE (A.)

482 — *Chereau* (J.-F.), représenté assis dans son cabinet,
d'après Prevost, in-4. Très belle épreuve.

CARESME (d'après Ph.)

483 — Hony soit qui mal y pense, — Hony soit qui mal y voit. Deux pièces faisant pendants, gravées par Hubert. Belles épreuves.

484 — La Colombe chérie, par Flipart. Très belle épreuve,

485 — L'Innocence instruite par l'Amour, par Le Campion. Très belle épreuve, marge.

486 — Le Refus inutile, par E. Flipart. Très belle épreuve, marge.

CARMONA (Manuel-Salvador)

487 — *Boucher* (François), d'après Roslin le Suédois, in-fol. Belle épreuve, avec marge.

488 — *Raphaël-Mengs* (D. Antoine), d'après lui-même, in-fol. Très belle épreuve.

CARMONTELLE (d'après L.-C. de)

489 — Pas de deux, dansé à l'Opéra, par Dauberval et Mlle Allard, par J.-B. Tillard. Très belle épreuve avec le premier texte dans la marge du bas.

490 — La même estampe. Très belle épreuve du 2e état.

491 — *Brizard,* dans le rôle du roi Lear, par Delafosse, in-fol. Rare épreuve à l'état d'eau-forte.

CARRACHE (Augustin)

492 — Saint François en extase (B., 67), — Mars renvoyé par Minerve (B., 118). Deux pièces. Très belles épreuves.

CARS (L.)

493 — *Bourdon* (Sébastien), d'après Rigaud, in-fol. Très belle épreuve, marge.

494 — *Conty* (Louis François de Bourbon, prince de), d'après P. Lemaire, in-fol. Très belle épreuve. Rare.

495 — *Rohan* (Armand-Gaston de), d'après Rigaud. in-fol. Belle épreuve.

CASA (N. DELLA)

496 — *Bandinelli* (Baccio, d'après lui-même, in-fol. Très belle épreuve.

497 — *Médicis* (Cosme de), d'après B. Bandinelli (B.,). Belle épreuve.

CATHELIN (L.-J.)

498 — *Balechou* (J.-J.), graveur. Très belle épreuve du premier état, avant toute lettre.

499 — *Jeliote* (Pierre), d'après L. Toqué, in-fol. Très belle épreuve, marge.

500 — *Piémont* (Marie Adélaïde Clotilde-Xaviere de France, princesse de), d'après Ducreux, in-fol. Très belle épreuves, marge.

501 — *Vernet* (Claude Joseph), peintre, d'après L.-M. Vanloo, in-fol. Superbe épreuve avant toute lettre.

502 — Le même portrait. Très belle épreuve.

CATHELIN, SCHMUZER ET HOLLAR

503 — *Balechou* (J.-J.), — *Weirotter* (F.-Ed.), — *Hollar* (W.). Trois portraits in-8 et in-fol. Belles épreuves.

CAZES, BERTIN ET LEMOYNE (d'après)

504 — L'Amour aiguisant ses traits, — Pan et Syrinx, — Vénus entrant au bain. Trois pièces gravées par Levesque, Baron et Laur. Cars. Très belles épreuves.

CHALLE (d'après)

505 — L'Adroite Confidente, — Le Choix naturel. Deux pièces faisant pendants, gravées par Vionet. Très belles épreuves.

506 — La Comparaison, par. . . Superbe épreuve avant toute lettre.

CHALLE (d'après)

507 — La Conviction, par Marchand. Très belle épreuve, marge.

508 — Jupiter et Léda, par J.-B. Tilliard. Très belle épreuve.

509 — The officious Waiting woman, par Chaponnier. Très belle épreuve.

510 — Sommeil de Vénus, par G. R. Le Villain. Très belle épreuve avant la lettre.

511 — Zéphire et Flore, par J.-B. Tillard. Très belle épreuve, marge.

CHALLE ET SCHENAU (d'après)

512 — La Défaite, par G. Marchand, — La Cuisinière surveillante, par Romanet. Deux pièces. Très belles épreuves, dont une avec marge.

CHALLE ET TRINQUESSE (d'après)

513 — La Défaite, — L'Iirrésolution ou La Confidence. Deux pièces gravées par Marchand et Pierron. Belles épreuves.

CHANTREAU (d'après)

514 — Rue d'un camp, — Distribution de fourrage au sec. Deux pièces gravées par Le Bas. Très belles épreuves.

CHAPONNIER (A.)

515 — *Dazincourt*, célèbre acteur du Théatre-Français, dans les *Fausses confidences*, d'après Favart, in-4 en couleur. Très belle épreuve, marge.

CHARDIN (d'après J.-B.-S.)

516 — *J.-B.-S. Chardin* gravé par L. Cars, d'après Cochin, (E. B. 1 des portraits). Très belle épreuve.

CHARDIN (d'après J.-B.-S)

517 — *J.-B.-S. Chardin*, gravé par Chevillet, d'après lui-même (E. B. 2 des portraits). Très belle épreuve.

518 — *J.-B.-S. Chardin*, gravé par J, F. Rousseau, d'après Cochin (3). Très belle épreuve, marge.

519 — J.-B.-S. Chardin et sa femme, sur une même feuille, par Flameng (7). Belle épreuve.

520 — *Chardin* (Mme), gravé par L. Cars, d'après Cochin. Très belle épreuve.

521 — Les Amusements de la vie privée, par L. Surugue (E. B., 1). Très belle épreuve.

522 — L'Antiquaire, — Le Peintre. Deux pièces faisant pendants, gravées par L. Surugue. Très belles épreuves.

523 — L'Aveugle, par Surugue fils, (4). Belle épreuve d'un état non décrit avec un grand G au mot aveugle, et avec la mention : Tirée du cabinet de M. le chevallier Damery.

524 — La même estampe. Superbe épreuve avec le G corrigé et la mention citée plus haut effacée, toute marge.

525 — Le Bénédicité, par Lépicié, (5). Très belle épreuve.

526 — La même composition, gravée par Elisabeth Marlié Lépicié (5 B.). Très belle épreuve.

527 — La même composition, gravée en Angleterre, par L. Simon en manière noire, sous ce titre : *The grâce* (5. D.). Très belle épreuve.

528 — La Blanchisseuse, — La Fontaine. Deux pièces faisant pendants, gravées par C. N. Cochin (6 et 21). Très belles épreuves.

529 — La Bonne Éducation, par Le Bas (7). Très belle épreuve, marge.

530 — Les Bouteilles de Savon, par Fillœul (8). Très belle épreuve.

CHARDIN (d'après J.-B.-S.);

531 — Le Château de cartes, par Aveline (10). Belle épreuve.

532 — Le Château de cartes, par Lépicié (11). Très belle épreuve, marge.

533 — La même estampe. Très belle épreuve d'un état non décrit, avec l'adresse de la Vve Chereau.

534 — La même composition, gravée par Simon Duflos. Très belle épreuve, marge.

535 — Dame cachetant une lettre, par Fessard (12). Très belle épreuve avec la première adresse, celle du graveur.

536 — La même composition, gravée en contre-partie (12 B.). Très belle épreuve.

537 — Dame prenant son thé, par Fillœul (13). Très belle épreuve du premier état, avant que les mots : *Chez un fayancier*, à la suite de l'adresse, aient été effacés, marge.

538 — La même estampe. Très belle épreuve avec les mots : *Chez un fayancier* effacés.

539 — Le Dessinateur, par J.-J. Flipart (14). Très belle épreuve d'un état non décrit, avant la date après le nom de Flipart..

540 — La même estampe. Très belle épreuve avec la date, marge.

541 — L'Écureuse, — Le Garçon cabaretier. Deux pièces faisant pendants, gravées par C.-N. Cochin (16 et 22). Très belles et rares épreuves avec la mention : Du cabinet de M. le comte de Vence, laquelle a été effacée dans les états suivants.

542 — Enseigne de chirurgien, par J. de Goncourt (17). Très belle épreuve avant la lettre, sur chine.

543 — Etude de dessin, par P. Le Bas (18). Très belle épreuve d'un état non décrit, avec les noms des artistes et avec différence dans l'adresse.

CHARDIN (d'après J.-B.-S.)

544 — Le Faiseur de château de cartes, par Fillœul (20). Superbe épreuve, marge.

545 — La même estampe. Très belle épreuve. Les mots : *Chez un fayancier*, à la suite de l'adresse, ont été effacés.

546 — La même estampe. Très belle épreuve, avec le titre de : Le Château de cartes.

547 — La même composition, gravée en petit à l'eau-forte, par de Marcenay de Ghuy. Très belle épreuve.

548 — La Garde attentive ou les aliments de la convalescence, par J. de Goncourt (23). Très belle épreuve sur chine.

549 — La Gouvernante, par J. Le Moine (24). Belle épreuve.

550 — La Gouvernante, par Lépicié (24). Très belle épreuve.

551 — La même composition. Deux réductions, in-8 (24, E. et F.). Belles épreuves.

552 — L'Inclination de l'âge, par P. L. Surugue (25). Très belle épreuve.

553 — L'instant de la méditation, par L. Surugue (26). Très belle épreuve du premier état.

554 — Le Jeu de l'oye, par L. Surugue (27). Très belle épreuve.

555 — Le Jeune dessinateur, par Faber (E. B., 28). Très belle épreuve. Rare.

556 — Jeune fille à la raquette, par Lépicié (29). Très belle épreuve, marge.

557 — Le Jeune soldat, par C. N. Cochin (30). Très belle épreuve. Rare.

558 — Le Jeune soldat (31). Très belle épreuve. Rare.

559 — *Andréas Levret*, par Louis Legrand (32). Très belle épreuve.

560 — *Ant. Louis*, par Miger (33). Deux épreuves des premier et deuxième états. Dans le deuxième état la planche a été diminuée par le bas.

CHARDIN (d'après J.-B.-S.)

561 — La Maîtresse d'école, par Lépicié (34). Belle épreuve du premier état, avant les contre-tailles sur le bonnet.

562 — La même composition gravée en contrepartie, par Simon Duflos (34. B.). Belle épreuve, marge.

563 — La mère laborieuse, par Lépicié (35). Très belle épreuve du premier état, avant la retouche.

564 — La même pièce. Très belle épreuve du deuxième état, la planche retouchée, le titre et les vers en caractères différents.

565 — Le Négligé ou la toilette du matin, par Le Bas (38). Très belle épreuve.

566 — L'Économe, par Ph. le Bas (39). Très belle épreuve, marge.

567 — Les Osselets, par Fillœul (39 bis). Très belle épreuve avec marge. Rare.

568 — L'Ouvrière en tapisserie, par J. J. Flipart (40). Superbe épreuve, marge.

569 — La même composition gravée en contre-partie, par Cécile Magimel, sous ce titre : *L'Amusement utile* (41 bis). Très belle épreuve.

570 — La Petite fille aux cerises, par C. N. Cochin (43). Très belle épreuve, avec marge.

571 — La même composition gravée en contre-partie, sous le titre de : *La Fille de bon appétit* (43 bis). Très belle épreuve.

572 — Marguerite Simeone Pouget, par Chevillet (44). Belle épreuve, marge.

573 — La Pourvoyeuse, par Lépicié (45). Belle épreuve.

574 — La Ratisseuse, par Lépicié (46). Très belle épreuve.

CHARDIN (d'après J.-B.-S.)

575 — La même estampe. Très belle épreuve avec l'inscription au moyen d'une planche rapportée. Les vers sont changés.

576 — La Serinette, par L. Cars (27). Très belle épreuve.

577 — Le Soufleur, par Lépicié (48). Très belle épreuve, marge.

578 — Le Toton, par Lépicié (50). Très belle épreuve du premier état, avec la date de 1742, marge.

579 — Les Tours de cartes, par P. L. Surugue (51). Très belle épreuve d'un état non décrit, avec : Chardin Pinxit au lieu de : Chardin pinx, marge.

580 — Le Gobelet d'argent, par J. de Goncourt, — Le Chaudron, par Soulange Tessier, — Lièvre mort, par L. Monziès, etc. Cinq pièces. Très belles épreuves.

581 — *J. B. S. Chardin*. gravé par J. de Goncourt, d'après le pastel de Latour. Très belle épreuve.

582 — La Bonne mère, par J. Mart. Weiss (E. B., 1 des pièces attribuées). Très belle épreuve, marge.

583 — Le Chat au fromage, par Dupin (E. B., 2). Deux épreuves d'états différents, une sans adresse et l'autre avec celle de Crépy.

584 — Le Flûteur, par Couché (4). Très belle épreuve.

585 — La Ménagère, par Charpentier (M. Bocher n'indique pas cette pièce par notre graveur). Très belle épreuve.

586 — Jeune garçon assis sur une chaise, par Courtin. Pièce avec vers en bas. Très belle épreuve, grande marge.

CHARPENTIER (d'après)

587 — L'Emplette inutile, — Les Petits voleurs. Deux pièces gravées par N. de Launay et Mme le Fort. Très belles épreuves.

CHAUFOURIER ET DESMAISONS

588 — Veue d'une partie de la ville de Paris, depuis le carrefour Saint-Germain-de-Lauxerrois, jusqu'à l'hôtel de Conty, — L'Arrivée du roi à son Palais de Justice. Deux pièces gravées par Duperons et Ransonnette. Belles épreuves.

CHAUVEAU

589 — Frontispice de l'entrée du roy et de la reyne, à Paris, le 26 août 1660. Très rare épreuve avant toutes lettres, marge, plus une épreuve avec la lettre. Deux pièces.

CHENU

590 — *Favart* (Mme), actrice, d'après Garand, in-8. Très belle épreuve avant la pagination, marge.

CHENU ET HENRIQUEZ

591 — Le Curieux ou la peinture, d'après C. Béga, — La Robe de satin, d'après Terburg. Deux pièces. Belles épreuves.

CHÉREAU (F.)

592 — *Boullongne* (Louis de), d'après lui-même, in-fol. Belle épreuve.

593 — *Chéron* (Elisabeth, Sophie), d'après elle-même, in-fol. Très belle épreuve.

594 — *De Launay* (Nicolas), d'après Rigaud, in-fol. Très belle épreuve.

595 — *Fleury* (le cardinal de), d'après Rigaud, in-fol. Belle épreuve avant la lettre, au verso, une autre épreuve, également avant la lettre.

596 — Largillière (Nicolas de), d'après lui-même, in-fol. Belle épreuve.

597 — *Pecour* (Louis), d'après Tournières, in-fol. Très belle épreuve avant l'adresse de Chereau.

598 — *Rousseau* (Claude Bernard), in-fol. Belle épreuve.

CHEVILLET

599 — *Buffon* (le comte de), d'après Drouais, in-4. Très belle épreuve, marge.

600 — *Chartres* (Louis-Philippe d'Orléans, duc de), in-fol. Très belle épreuve, marge.

601 — Eugénie dans *les Sultanes* (Portrait d'Eugénie Hanne-taire, actrice), d'après Le Gendre. Superbe et très rare épreuve avant toutes lettres, seulement le nom du graveur tracé à la pointe.

602 — Eugénie, dans *les Sultanes* (Portrait d'Eugénie Hanne-taire), d'après Le Gendre, in-fol. Superbe épreuve du premier état avant que le titre ait été changé en celui de : *La Jeune sultane*, marge.

603 — *Livry* (Nicolas de), évêque de Callinique d'après Toc-qué, in-fol. Très belle épreuve avant toute lettre.

CHEVILLET?

604 — Portrait d'un écrivain, représenté assis dans son cabi-net, in-fol. Superbe épreuve avant toute lettre, marge.

CHODOWIECKY (D.)

605 — Cabinet d'un peintre. Très belle épreuve, marge.

606 — Action près de Choczim, le 18 septembre 1769 (le Prince Galitzin battant les Ottomans). Belle épreuve.

CHOFFARD (P.-P.)

607 — A la mémoire de P. Fr. Basan, pièce in-8. Belle épreuve.

CLAESSENS (P.-A.)

608 — *Fourment* (Hélène), deuxième femme de Rubens, in-fol. Très belle épreuve avant la lettre.

COCHIN (C.-N.)

609 — Le Tailleur pour femmes. Très belle épreuve.

COCHIN (C.-N.)

609 *bis* — *Sarazin* (Jacques) l'aîné, in-fol. Très belle épreuve, marge.

610 — *Watelet* (Cl. H.), d'après lui-même, in-8. Très belle épreuve, marge.

611 — *Vence* (Cl. Alex. de Villeneuve, comte de), — *Voyer* (Marc-René, marquis de). Deux portraits in-4, par Watelet et Cochin. Très belles épreuves.

COCHIN (d'après C.-N.)

612 — La Charmante Catin, par Madeleine Cochin. Belle épreuve.

613 — Concours pour le prix de l'étude des têtes et de l'expression, par J.-J. Flipart (Portrait de Mlle Clairon). Très belle épreuve, grande marge.

614 — Frontispice de *l'Encyclopédie* par B. L. Prevost, in-fol., — La même composition, gravée de format, in-4, par C. Boily. Deux pièces.

615 — La Petite Charrière en couches, par Saint-Non. Très belle épreuve.

616 — Silvie délivrée par Aminte, par Martinet. Très belle épreuve, marge.

617 — La Soirée, par Gallimard. Belle épreuve.

618 — *Alembert* (J. d'), — *Bay de Curys* (L.), — *Cayeux* (P.). Trois portraits in-4, par Watelet et Lempereur. Très belles épreuves.

619 — *Bitaubé* (P. J.), — *Cochin* (C. N.), — *Falconnet* (Camille), — *Lalive de Jully* (A. L.). Quatre portraits in-8, par Saint-Aubin, Daullé, Moitte et Lalive de Jully. Très belles épreuves.

620 — *Boucher* (F.), par L. Cars. Très belle épreuve du premier état, avant les mots : Peintre du roy.

COCHIN (d'après C.-N.)

621 — *Caylus* (le comte de), — *Chauvelin* (Henry Philippe),— *Clairaut,* — *Crebillon* (P. Joliot de). Quatre portraits in-4, par De Launay, Cochin, Cathelin et Watelet. Très belles épreuves.

622 — *Cochin* (Ch. N.), gravé par Aug. de Saint-Aubin, in-4. Très belle épreuve, marge.

623 — *Diderot* (D.), — *Duchange* (Gaspard), — *Fréron* (E. C.), — *Gras* (Joachim). Quatre portraits in-4, par Cathelin, Dupuis, Hubert et Cochin. Très belles épreuves.

624 — *Dumont le Romain* (J.), par Saint-Aubin, — *Guy-Brenet* (Nicolas), par Miger, — *Lemoine* (J. B.) fils, par Dupuis. Trois portraits in-4. Belles épreuves.

625 — *Favart* (Madame), actrice, par J.-J. Flipart, in-8. Très belle épreuve avant l'inscription dans le haut, marge.

626 — *Garrick* (D.), acteur anglais, par Cochin et Dupuis, in-4. Très belle épreuve.

627 — *Henault* (Ch.-J.-François), — *Juvigny* (J.-Ant. Rigoley de), — *La Vallière* (le duc de), — *Linguet* (S.-N.-H.), — *Marmontel* (J.-F.). Cinq portraits in-8 et in-4, par Gaucher, Miger, Cochin, Cock et Saint-Aubin. Très belles épreuves.

628 — *Le Bas* (A la mémoire de J.-Ph.), par Gaucher, in-8. Très belle épreuve.

629 — *Le Couteulx du Moley* (Sophie), par Saint-Aubin, in-8. Très belle épreuve.

630 — *Lépicié* (N.-B.), par Rousseau, — *Parrocel* (C.), par Cochin et Dupuis, — *Vernet* (Cl.-Joseph), par Nicolet. Trois portraits, in-4. Très belles épreuves.

631 — Louis XVI et Marie-Antoinette représentés au milieu de figures allégoriques. Deux pièces faisant pendants, gravées par De Longueil. Superbes épreuves du premier état, toutes marges.

COCHIN (d'après C.-N.)

632 — *Monet*, par Saint-Aubin, — *Saly* (J.-F.-J.), par Rousseau. Deux portraits, in-8. Très belles épreuves.

633 — *Thomas* (Antoine), de l'Académie française, in-4 Deux épreuves, dont une avant les noms des artistes et l'adresse de Bligny.

634 — *Watelet* (Cl.-H.), gravé par Lempereur, in-4. Très belle épreuve.

COLINET

635 — *Saint-Huberti* (Mme), de l'Académie royale de musique, d'après le Moine, in-8. Belle épreuve.

COLSON (d'après)

636 — Le Repos, par N. Dupuis. Très belle épreuve.

COSSIN (L.)

637 — *Chauveau* (François), d'après Lefebvre, in-fol. Belle épreuve.

638 — *Roupert* (Louis), maître orfèvre à Metz, in-4. Belle épreuve.

COURTIN (d'après)

639 — Artémise, par Mathey, — *Loin de sa mère, Amour est un malin garçon*, par de Poilly. Deux pièces. Très belles épreuves.

COUTELLIER (F.)

640 — *Contat* (Mlle), de la Comédie Française, dans le rôle de Susane du *Mariage de Figaro*, in-4, en couleur. Belle épreuve du premier état, avec l'adresse du graveur.

641 — *Du Gazon* (Mme), actrice, in-4, en couleur. Très belle épreuve.

642 — *Olivier* (Mlle), de la Comédie Française, dans le rôle de Chérubin du *Mariage de Figaro*, in-4, en couleur. Très belle épreuve.

COYPEL (d'après Ch.)

643 — *Ce dépit n'est point redoutable*, par P.-L. Surugue (représente Mme Favart tenant le portrait du maréchal de Saxe), in-4. Très belle épreuve, grande marge.

644 — Le Jeune faune amoureux, par M.-A. Croisier. Très belle épreuve, marge.

645 — La Jeunesse sous les habillements de la Décrépitude, par R. Eliz. Marlié Lépicié. Très belle épreuve.

646 — Thalie chassée par la Peinture, gravé par Lépicié. Très belle épreuve, marge.

647 — La France rend grâce au Ciel de la guérison du roi, par P. Surugue. Très belle épreuve, grande marge.

CRANACH (Lucas)

648 — La Pénitence de Chrisostome (B., 1). Belle épreuve.

CREPY (A Paris, chez)

649 — Le Départ de la chasse, — Le Retour de la chasse. Deux pièces faisant pendants. Très belles épreuves, marges.

CROISIER (M.-A.)

650 — Aux Mânes de Louis-Philippe d'Orléans. Pièce in-fol. Très belle épreuve, marge.

CUYP et PILLEMENT (d'après)

651 — Chevaux et paysages. Cinq pièces gravées par Reynolds, Presbury, Lupton et J.-B. Racine. Belles épreuves, dont une avant la lettre.

DALEN (C. Van)

652 — *Este* (Isabelle d'), sœur de Lucrèce Borgia. In-fol. Superbe épreuve avant toute lettre.

653 — *Glocester* (Henry, duc de), troisième fils de Charles II, d'après Luttichuys. In-fol. Superbe épreuve.

DANDRÉ-BARDON (d'après)

654 — La Naissance, — L'Enfance. Deux pièces gravées par J. Balechou. Très belles épreuves, dont une avec grande marge.

DANLOUX (d'après)

655 — La Surprise agréable, par Jonxis. Superbe épreuve avant la dédicace, marge.

DAULLÉ (J.)

656 — Le priz de la beauté, d'après Detroy. Belle épreuve.

657 — *Baron*, acteur, d'après F. de Troy. (Del. 8). Belle épreuve.

658 — *Caylus* (la mère du comte de), d'après H. Rigaud. In-fol. Belle épreuve.

659 — Chartres (Louis-Philippe d'Orléans, duc de), d'après A. S. Belle, 1735 (50). Superbe épreuve, avec marge.

660 — *Favart* (Mme), dans le rôle de Bastienne, d'après C. Vanloo. In-fol. Très belle épreuve du premier état.

661 — *Feuquières* (Cath.-Marguerite Mignard, comtesse de), d'après C. Mignard (47). Très belle épreuve.

662 — *Maupertuis* (P. H. de), géomètre, d'après R. Tournières (44). Très belle épreuve du premier état, avant toute lettre.

663 — Le même portrait. Belle épreuve.

664 — *Pélissier* (Mademoiselle), actrice de l'Opéra, d'après Drouais. Très belle épreuve avec la première adresse, celle de Drouais, marge.

665 — *Rigaud* (Hyacinthe), peintre et sa femme, d'après lui-même (69). Très belle épreuve, marge.

666 — Le même portrait, contre-épreuve avant toute lettre et avant le médaillon gravé de Mme Rigaud, imprimé sur papier bleu.

DAULLÉ (J.)

667 — *Stuart* (Charles-Édouard), fils aîné de Jacques III (77), In-fol. Très belle épreuve avant la lettre, grande marge.

DAULLÉ ET WILLE

668 — *Saint-Simon* (Cl. de), évêque de Metz, d'après H. Rigaud (Del. 74). Très belle épreuve du premier état, avec les mots S. H. I. Princeps tracés au-dessous du titre, grande marge.

DEBARRE (d'après)

669 — Route du monde, par L. Truchy. Très belle épreuve, marge.

DE BRÉA

670 — *Renaut* (Mlle) l'aînée, de la Comédie italienne, in-4. Très belle épreuve, marge.

DEBUCOURT (P.-L.)

671 — Annette et Lubin, en couleur. Superbe épreuve.

672 — Le Menuet de la mariée, 1786, en couleur. Superbe épreuve.

673 — Le Café ambulant. Belle épreuve.

674 — L'Ecole. Très belle épreuve avant toute lettre.

675 — Minet aux aguets. Très belle épreuve.

676 — Le Marchand de galette. Très belle épreuve, marge.

677 — Que vas-tu faire ? Belle épreuve.

678 — *Schenard*, acteur de l'Opéra-Comique, d'après Boilly, in-4. Belle épreuve avant toute lettre.

679 — Les Aveugles, d'après Vernet, en couleur. Très belle épreuve, marge.

680 — La Danse des chiens en désordre, d'après C. Vernet, en couleur. Très belle épreuve, marge.

DEBUCOURT (P.-L.)

681 — Les Joueurs de boules, d'après C. Vernet, en couleur.
Très belle épreuve, marge.

682 — Le Joueur de cornemuse, d'après Vernet, en couleur.
Très belle épreuve, marge.

683 — Les chevaux de bateau, d'après C. Vernet, en couleur.
Très belle épreuve, marge.

684 — Le Marchand de chevaux normands, gravé en couleur,
par Charon, d'après C. Vernet. Très belle épreuve.

685 — Marchand de vin des environs de Rome, d'après C.
Vernet, en couleur. Très belle épreuve, marge.

686 — Retour des champs, d'après C. Vernet, en couleur.
Très belle épreuve, marge.

687 — Route du marché, d'après C. Vernet, en couleur. Très
belle épreuve, marge.

688 — Route de Poissy, d'après C. Vernet, en couleur. Très
belle épreuve, marge.|

689 — Route de poste, d'après C. Vernet, en couleur. Très
belle épreuve, marge.

690 — Route de Saint-Cloud, d'après C. Vernet, en couleur.
Très belle épreuve, marge.

DE LA GARDETTE (P.-C.)

691 — Bibliothèque de Sainte-Geneviève (vue intérieure).
Très belle épreuve.

DE LARMESSIN (N.)

692 — *Hallé* (Claude), d'après Le Gros, — *Vleughels* (Nicolas) le fils, d'après Champagne. Deux portraits in-fol.
Belles épreuves.

693 — *Louis*, Dauphin de France, d'après Tocqué, in-fol. en
pied. Très belle épreuve.

DELATRE

694 — *Colombe* (Mlle) l'aînée, d'après Le Moine, in-4. Très belle épreuve avant le numéro.

DE LAUNAY (N.)

695 — Expérience faite à Versailles, par M. Montgolfier, le 19 septembre 1783, — Second Voyage aérien au Jardin des Tuileries, par MM. Charles et Robert, le 1er décembre 1783, — Troisième Voyage aérien à Lion, le 19 janvier 1783, par M. Joseph de Montgolfier. Trois pièces d'après le Ch. de Lorimier. Belles épreuves.

696 — *De Troy* (Jean-François), d'après Aved, in-fol. Superbe épreuve avant la lettre, grande marge.

697 — Le Clèrc (Sébastien), fils, d'après Nonnotte, in-fol. Superbe épreuve, avant la lettre, grande marge.

DELFF

698 — *Elisabeth*, reine de Bohême, d'après Mierevelt, in-fol. Très belle épreuve.

DELOBEL (d'après)

699 — La Lorraine réunie à la France, allégorie ; au milieu, le portrait dans un médaillon du cardinal Fleury, gravé par C. N. Cochin. Belle épreuve.

DE LORME (d'après)

700 — Narcisse, nègre de Madame la Duchesse de Chartres, par Mondé. Très belle épreuve.

DE LORRAINE

701 — *Chanville*, comédien, d'après de Lorme. in-fol. Très belle épreuve.

DELVAUX

702 — Dame grecque, d'après de la Pierre, in-4. Belle épreuve.

DE MARCENAY

703 — *Argenson* (M. P. de Voyer de Paulmy, comte d'), d'après Nattier, in-8. Belle épreuve avant la lettre.

704 — Le Prince *Eugène* de Savoye, in-8. Belle épreuve avant la lettre, marge.

705 — *Henri IV*, d'après Porbus. in-8. Belle épreuve avant la lettre.

706 — *L'Hopital* (le chancelier de), in-8. Belle épreuve avant la lettre.

707 — *Legoux de Gerlans* (Ben.), d'après de Vosge. Rare épreuve du premier état avec l'inscription manuscrite, les premiers vers sur la tablette et le titre sur le livre ouvert, — Le même portrait. Epreuve avant la lettre, mais les vers changés. Deux pièces.

708 — *Marie-Antoinette de Bavière*, épouse de Frédéric-Christian Léopold, électeur de Saxe, in-4. Belle épreuve avant toute lettre.

709 — Le Général *Paoli*, — *Tintoret*, d'après lui-même. Deux portraits avant la lettre. Belles épreuves.

710 — *Puységur* (Maxime de Chatenay, marquis de), in-4. Très rare épreuve avant toute lettre, et avec des essais de paysage dans la marge à gauche.

711 — *Saxe* (le maréchal de), d'après Liotard. In-8. Très belle épreuve avant la lettre et avant le ciel.

712 — *Stanislas-Auguste*, roi de Pologne, in-8. Belle épreuve avant la lettre.

713 — *Sully* (Maximilien de Bethune, duc de), d'après Porbus, — *De Thou* (le président). Deux portraits in-8, avant la lettre. Belles épreuves.

DE MARCENAY

714 — *Charles V*, dit le Sage, — *Charles VII*, — Le chevalier *Bayard*, — Le président de *Thou*, — *Turenne*, — Le maréchal de *Villars*, — Le maréchal de *Saxe*, — Le comte d'*Argenson*, — B. G. *Sage*, — Le marquis de *Mirabeau*, — Henri, comte de *Berghe*, — *Le Tintoret*. Douze portraits in-8 et in-4. Belles épreuves.

715 — Partie de son œuvre, d'après Rembrandt, — J. Vernet, Parrocel, Van Uden, G. Dow, N. Poussin, etc. Quinze pièces, plusieurs sont avant la lettre.

DE MARTEAU

716 — *Wanloo* (Carle), d'après lui-même, in-fol. à la sanguine. Belle épreuve.

717 — Le Paysan de Gandeleu (portrait de l'abbé Pommier), d'après Cochin, in-fol. Belle épreuve.

DENON (D.-V., baron)

718 — *Denon* (Dom. Vivant, baron), d'après Isabey, in-4. Belle épreuve avant la lettre.

719 — Portraits de jeunes femmes et d'enfants, croquis divers gravés à l'eau-forte. Quatorze pièces en partie avant la lettre. Très belles épreuves.

DESCAMPS (d'après J.-B.)

720 — Le Négociant, — La Pupille. Deux pièces faisant pendants gravées par Le Bas et N. Le Mire. Très belles épreuves.

DESCOURTIS

721 — Le Cloître. Deux compositions différentes, d'après Hubert, en couleur. Très belles épreuves, réemmargées.

DESCOURTIS ET MORRET

722 — L'Hermite du Colisée, — La Prière interrompue. Deux pièces gravées en couleur, d'après Robert. Très belles épreuves.

DESHAYES (d'après)

723 — La Fidélité surveillante, par Hemery. Belle épreuve.

DE SON

724 — L'Excellent frontispice de l'abaye de Saint-Nicaise de Reims. Belle épreuve.

DESPLACES (L.)

725 — *Duclos* (Mlle), célèbre actrice, d'après N. de Largillière, in-fol. Très belle épreuve, marge.

DESPLACES, DUPUIS ET JEAURAT

726 — *Silvestre* (François), d'après Hérault. — *Puget* (Pierre), d'après son fils, — *Coustou* (Nicolas), d'après Le Gros. Trois portraits in-fol. Très belles épreuves.

DESRAIS (d'après)

727 — La Déclaration. Jolie pièce in-4, en hauteur. Très belle épreuve avant toute lettre. Rare.

DESROCHERS

728 — *Savoye* (Henriette-Adélaide de), duchesse de Bavière, in-8. Belle épreuve.

DE TROY (d'après J.-B.)

729 — L'Amant sans gêne, par C. N. Cochin. Très belle et rare épreuve avant le jupon rallongé sur le bout du pied et avec les vers en bas.

DE TROY (d'après J.-B.)

730 — La même estampe. Très belle épreuve avec le jupon rallongé, les vers effacés et remplacés par le titre ci-dessus.

731 — *Fuyez, Iris, fuyez : ce séjour est à craindre*, par C. N. Cochin. Très belle épreuve.

732 — Le Jeu du pied de bœuf, par C. N. Cochin. Epreuve avant la lettre, sans marge.

733 — L'Ornement de l'esprit et du corps, par L. Surugue. Très belle épreuve, marge.

734 — Pan et Syrinx, par B. L. Henriquez. Très belle épreuve avant la léttre, marge.

735 — Salmacis et Hermaphrodite, — Le Péché de David, — Les Baigneuses, d'après Vanloo. Trois pièces gravées par Daullé, L. Cars et Lempereur. Belles épreuves.

736 — Suzanne et les vieillards, — Bethsabée au bain. Deux pièces gravées par L. Cars. Très belles épreuves.

737 — Toilette pour le bal, — Retour du bal. Deux pièces faisant pendants, gravées par J. Beauvarlet. Superbes épreuves avec la dédicace, qui a été effacée dans les épreuves postérieures.

738 — La Vierge et l'Enfant-Jésus, par S. H. Thomassin. Très belle épreuve, marge.

739 — *Frère Blaise*, feuillant, par B. Audran, in-fol. Belle épreuve.

DE TROY ET COYPEL (d'après)

740 — Le Bain de Léda, par Fessard, — Apollon et Daphné, par Tardieu. Deux pièces. Très belles épreuves.

DEVAUX

741 — *Préville* (Angélique Drouin Mme), d'après Simonet, in-4. Très belle épreuve.

DICKINSON (W.)

742 — Miss *Naiter* in the character of Hebé, d'après Pine, in-fol. Belle épreuve.

743 — *Reid* (Mrs), dans le rôle de Sultana, d'après Pine, in-fol., en manière noire. Très belle épreuve.

DIETRICY (C.-W.)

744 — Le Marchand de complainte et de mort aux rats. Très belle épreuve.

DIRIX (J.)

745 — *Henri IV et Marie de Médicis*. Bustes dans un médaillon entouré de figures allégoriques, in-fol. Très belle épreuve.

DIVERS

746 — B. *Breemberg*, — P. de *Laer*, — *Marselaer*, — Belidor, — J.-B. Greuze, — Ant. *Watteau*, — *Stanislas-Auguste*, roi de Pologne. 11 portraits in-8, et in-fol. Belles épreuves.

747 — *Brulart de Sillery*, — Henri IV, — le cardinal de *Bourbon*, — Marguerite de *Gonzague*, — *Christine* de Lorraine, etc. Cinq pièces in-8. Belles épreuves.

748 — *Cambout de Pontchartrain* (J.-S.), — Gertrude de Saxe, — Marie de *Médicis*, — Simon *Vouet*, — Jeanne d'*Arragon*. Neuf portraits in-4, et in-fol. Belles épreuves.

749 — *Castiglione*, — *Mieris* (Franz), — *Géricault*, — *Rubens* (P.-P.), — *Delaroche* (Paul). Cinq portraits par Levasseur, Worlidge, Deveria, Schleich et Castiglione.

750 — *Charles*, Aéronaute, — Le Maréchal de *Vauban*, — Le Maréchal de *Villars*, — Catherine *Breugel*, — J.-B. *Colbert*, — J. E. de La Harpe. Sept portraits in-8 et in-4. Très belles épreuves.

751 — Madame *Elisabeth*, — Anne Martinozzi, princesse de *Conti*, — *Louis XV*, — Charlotte des *Ursins*, etc., six portraits in-8 et in-4. Belles épreuves.

DIVERS

752 — *Elisabeth* d'Angleterre, — *Poisson* (R), —le grand-duc
et la grande-duchesse de Toscane, —le comte de Dunois,
la comtesse de Carlisle; sept portraits in-fol. Belles
épreuves.

753 — Duchesse *d'Hamilton*, — *Arnould* (Sophie), — Marie
Stuart, — Decamps, — *Mars* (Mlle), — Mlle *Colombe*, —
Mlle *Clairon*, — *Bossuet*. Onze portraits in-8. Belles
épreuves.

754 — *Marie-Thérèse*, — *Horace*, — *Louis XVI*, — Marie
Stuart,—Carle *Vanloo*, etc. Neuf pièces.

755 — *Montgaillard* (Bernard de), — *Fabritio Caroso da Ser-
monetta*... etc., etc. Quatre portraits in-8 et in-4, par Bolswert, Franco, Gourdelle et G. Isaac. Belles épreuves.

756 — *Poisson* (le R. P.), — le Père *Alvaro*, — *Molinos* (Michel), — *Bellarminus* (Robert), — *Longueville* (le duc
de), etc. Six portraits in-4 et in-fol. Belles épreuves.

757 — *Quesnel* (François), — *Dovv* (Gérard), — *Gheyn* (J. de),
— *Rivalz* (Ant.), — *Rivalz* (J.-P.), — *Descamps* (J.-B.),
— *Torrentius* (J.). Sept portraits in-8 et in-4, par J. van
Velde, Chevillet, Rivalz, de Frey et Michel Lasne. Belles
épreuves.

758 — Marie *Stuart*. Trois portraits différents, in-fol. Belles
épreuves.

759 — Portraits et sujets historiques relatifs à la France.
Onze pièces.

760 — Portraits tirés de la galerie du Palais-Royal. Dix-sept
pièces.

761 — Madame de *** en Hébé, d'après Nattier. — Portrait
de femme gravé par Rousselet, — Portrait avant la lettre
tiré de la Galerie française. Trois pièces in-fol. Belles
épreuves.

762 — Costumes d'acteurs tirés de la Galerie théâtrale et autres. Six pièces.

DIVERS

763 — Estampes par et d'après Schongauer, Delaune, Raimondi, d'après Durer, Rembrandt, etc. Neuf pièces.

764 — Paysages et sujets par Brassu, van Os, Castiglione, Dietricy, Swanwelt et C. Du Sart. Huit pièces.

765 — Salon du Louvre 1787, — Réduction de la ville de Marsal. — Je ne peins que l'histoire. Pièces historiques des dix-septième et dix-huitième siècles.

766 — Vues par Silvestre, Perelle et Guyot.

767 — Paysages et sujets, tirés en partie du cabinet Choiseul. Dix-sept pièces.

768 — Sujets religieux et autres d'après Bloemaert, Raphael, Caravage et les maîtres de l'école de Fontainebleau. Neuf pièces.

769 — Compositions diverses d'après Teniers, H. Robert, Isaac Ostade, Wouvermans, Hobbema, Silvestre, Callot et Prud'hon. Onze pièces.

770 — Paysages et sujets divers d'après Teniers, Wantol, Ostade, Zorque, Gonzalès Coques, N. Maes, Rembrandt, Potter, Cuyp, etc. Treize pièces.

771 — Sous ce numéro il sera vendu par lots un portefeuille contenant : les Batailles d'Alexandre, — les Poissons par Albert Flamen, — une partie de l'œuvre d'Ostade, — Paysages d'après Le Prince, Patel, Dietricy, Cuyp, Boissieu, etc.

DOLENDO (B.)

772 — Sainte Cécile touchant de l'orgue, accompagnée du chant de quatre grands anges, d'après de Gheyn. Très belle épreuve.

773 — Pirame et Thisbé. Très belle épreuve.

774 — Punition du Paysan qui avait insulté le poète Virgile. Très belle épreuve.

DREVET (P.)

775 — *Boileau-Despréaux* (Nic.), d'après H. Rigaud. Très belle épreuve.

776 — *Cotte* (Robert de), architecte, d'après Rigaud (34). Très belle épreuve avant le mot architecte.

777 — *Desjardins* (Mme), épouse du sculpteur, d'après H. Rigaud (38). Très belle et rare épreuve du premier état avant toute lettre.

778 — Philippe V, roi d'Espagne, d'après Rigaud (41). Très belle épreuve du premier état.

779 — *Forest* (Jean), peintre, d'après N. de Largillière (49). Belle épreuve.

780 — Louis-Auguste de Bourbon, prince de Dombes, d'après Fr. de Troy (61). Très belle épreuve.

781 — Louis-Alexandre de Bourbon, comte de Toulouse, d'après Rigaud (65). Très belle épreuve.

782 — *Gillet* (P.), magistrat, d'après Rigaud (68). Très belle épreuve.

783 — *Keller* (J.-Balth.), commissaire général des fontes de l'artillerie de France, d'après H. Rigaud (78). Très belle épreuve.

784 — *Lambert de Thorigny* (Nic.), magistrat, d'après N. de Largillière (80). Très belle épreuve, marge.

785 — *Lambert* (Mme), d'après N. de Largillière (81). Très belle épreuve du 2e état.

786 — *Lambert* (Mme), épouse du précédent, d'après N. de Largillière (81). Très belle épreuve, marge.

787 — *Mitantier* (J.-M.), greffier de l'Hôtel de ville de Paris, d'après N. de Largillière (95). Très belle épreuve.

788 — Le même portrait. Copie en contre-partie, gravée dans la manière de Vermeulen. Très belle épreuve, sans aucune lettre

DREVET (P.)

789 — *Motteville* (Mme Hélène de), d'après N. de Largillière (98). Très belle épreuve.

790 — *Portail* (Antoine), premier président au parlement de Paris, d'après R. Tournières (108). Très belle épreuve du 2ᵉ état.

791 — *Rigaud* (Maria Serre, Mme), d'après H. Rigaud (110). Très belle épreuve, marge.

792 — *Rigaud* (Hyacinthe), d'après lui-même, avec la palette et les pinceaux (111). Très belle épreuve, marge.

793 — Le même personnage, d'après lui-même, avec le porte-crayon (112). Très belle épreuve du 4ᵉ état, avec la première inscription et avant le prolongement du manteau et la date de 1701.

794 — Le même portrait. Très belle épreuve avec l'inscription changée et le manteau prolongé.

795 — *Rohan* (Armand-Gaston, card., prince de), d'après H. Rigaud (113). Très belle épreuve.

DREVET (P.-J.)

796 — *Lécouvreur* (Adrienne), d'après Ch. Coypel. Très belle épreuve, marge.

797 — *Marie-Clémentine Sobieska*, épouse de Jacques III, dit le premier prétendant, d'après Davids (10). Très belle épreuve. Rare.

798 — *Couvay* (P.-N.), secrétaire du roi, d'après R. Tournière (14). Très belle épreuve, marge.

799 — *Louise-Adélaïde d'Orléans*, abbesse de Chelles, fille du Régent, d'après Gobert (18). Belle épreuve.

800 — La même princesse, d'après Gobert (19). Très belle épreuve.

801 — *Louis d'Orléans*, fils du Régent, d'après Ch. Coypel (21). Très belle épreuve du premier état.

DREVET (P.-J.)

802 — *Tressan* (L. de la Vergne de), archevêque de Rouen, d'après J.-B. Vanloo (31). Belle épreuve, marge.

803 — Le même personnage, réduction du portrait précédent (32). Très belle épreuve.

DREVET (Cl.)

804 — *Auvergne* (Henry Oswald, cardinal d'), d'après Rigaud, in-fol. Bonne épreuve.

805 — *Le Bret* (Mᵐᵉ), d'après H. Rigaud. Très belle épreuve.

DROUAIS (d'après F.-H.)

806 — Le Château de cartes, — Les Bulles de savon. Deux pièces faisant pendants, gravées par M. L.-A. Boizot. Très belles épreuves.

807 — Le Château de cartes, par M. L.-A. Boizot. Très belle épreuve avant toute lettre.

808 — Le comte d'Artois, enfant, et Madame, montée sur une chèvre, par Beauvarlet. Superbe épreuve, marge.

809 — Les enfants du roi de Sardaigne, par Mélini. Superbe épreuve avant toute lettre, grande marge.

DUCHANGE (G.)

810 — *Coypel* (Antoine), d'après lui-même, in-fol. Belle épreuve, marge.

811 — La Fosse (Charles de), d'après Rigaud, in-fol. Très belle épreuve.

812 — *Girardon* (François), d'après Rigaud, in-fol. Très belle épreuve, grande marge.

DUCHESNE (Cath.)

813 — *Blancheau* (Mˡˡᵉ), maîtresse de Santerre, d'après lui, in-4. Très belle épreuve avant toute lettre.

DUCLOS (J.)

814 — La Reine annonçant à Mme de Bellegarde des juges, et la liberté de son mari, 1777, d'après Desfossés. Très belle épreuve.

815 — École française pour les jeunes demoiselles, vignette in-8. Très belle épreuve.

DUFLOS (Cl.)

816 — *Le Clerc* (Sébastien), dessinateur et graveur, in-4. Très belle épreuve, marge.

817 — *Orléans* (Philippe, duc d'), petit-fils de France, in-fol. Superbe épreuve avant la lettre.

DUFLOS et P.-J. DREVET

818 — *Fénelon*, d'après Baillieul, — *Cisternay du Fay* (Charles-Jérôme), d'après Rigaud. Deux portraits in-8. Belles épreuves.

DUGOURE (d'après J.-D.)

819 — Le Lever de la mariée, par Ph. Trière. Très belle épreuve, marge.

820 — Roxelane (Portrait de Mlle Duthé), gravé par Le Beau, in-4. Très belle épreuve avant la lettre.

DUMESNIL (d'après P.)

821 — Le Chantre à table, — Le Supot de Bacchus. Deux pièces gravées par F. Basan et N. Dupuis. Très belles épreuves.

822 — La Dame de charité, par E.-Claire Tournay. Très belle épreuve, grande marge.

823 — Le Déjeuner de l'enfant, — Le Recousenr de fayance. Deux pièces gravées par El.-Claire Tournay et Mme Lefort. Très belles épreuves.

DUMESNIL (d'après P.)

824 — Le Prêtre du catéchisme, par E.-C. Tournay. Très belle épreuve avant toute lettre.

825 — Le Traitant, par Lucas. Belle épreuve.

DUPIN

826 — *Artois* (Charles-Philippe, comte d'), d'après Hall. Très belle épreuve du premier état, avec le miroir et les branches de laurier à droite, marge.

826 *bis.* — Le même portrait. Épreuve du deuxième état, le miroir et les branches de laurier effacée. Deux pièces.

827 — *Artois* (Charles-Philippe de France, comte d'), d'après Vanloo. In-fol. Belle épreuve.

DUPONCHELLE

828 — *Leczinska* (Marie), Reine de France, in-8, d'après Nattier. Très belle épreuve, marge.

DUPUIS (Ch.)

829 — *Boucher* (Marie-Fr. Perdrigeon, Mme), en Vestale, d'après J. Raoux, in-fol. Très belle épreuve.

830 — *Largillière* (Nicolas de), d'après Geulain, in-fol. Très belle épreuve.

DUPUIS (N.)

831 — *Le Normant de Tournehem* (Ch.-Fr.-Paul), d'après Tocqué, in-fol. Très belle épreuve.

832 — *Wouwermans* (Philippe), d'après C. de Visscher, in-fol. Très belle épreuve.

DURER (Albert)

833 — L'Enfant prodigue (B., 25). Très belle épreuve.

DURER (ALBERT)

834 — La Vierge couronnée par deux anges (B. 39). Bonne épreuve.

835 — La Vierge à la poire (B., 41). Superbe épreuve. Collection Debois.

836 — Saint Christophe à la tête retournée (B., 51). Belle épreuve.

837 — Saint Christophe (B., 52). Belle épreuve.

838 — Saint Eustache (B., 57). Très belle épreuve.

839 — Saint Jérôme dans sa cellule (B., 60). Belle épreuve.

840 — Sainte Geneviève (B., 63). Très belle épreuve.

841 — L'Enlèvement d'Amymone (B., 71). Très belle épreuve avec une petite marge.

842 — L'Effet de la jalousie (B., 73). Superbe épreuve tirée sur papier à la grande couronne.

843 — Le Groupe des quatre femmes nues (B., 75). Très belle épreuve.

844 — L'Oisiveté (B., 76). Très belle épreuve.

845 — La Grande fortune (B., 77). Superbe épreuve, tirée sur papier à la grande couronne.

846 — Le Canon (B., 99). Très belle épreuve avant les taches de rouille.

847 — Les Armoiries à la tête de mort (B., 101). Belle épreuve de la copie de Wierix.

848 — Albert de Mayence, vu de profil (B., 103). Belle épreuve.

849 — Frédéric, électeur de Saxe (B., 104). Belle épreuve, plus une épreuve de la copie. Deux pièces.

850 — Mélanchton (Philippe) (B., 105). Bonne épreuve.

851 — Erasme de Rotterdam (B., 107). Très belle épreuve.

DURER (Albert)

852 — *Maximilien Ier*, empereur (B., 153 des gravures sur bois). Très belle épreuve.

DURER (d'après Albert)

853 — Portraits d'Albert Durer et de son père. Deux portraits in-fol. gravés par Hollar. Très belles épreuves.

DYCK (Ant. Van)

854 — Jésus couronné d'épines. Très belle épreuve.

855 — *Breughel* (Jean) (W., 1). Belle épreuve.

DYCK (d'après Ant. Van)

856 — J. Jordaens, — Henricus Steenwyck, — Simon de Vos, — F.-Th. de Savoye, — Gérard Seghers, — Princesse d'Orange, — Princesse de Ligne, — Marguerite Lemon. Huit portraits in-fol., gravés par de Iode, Pontius, Vorsterman, Waumans, M. Natalis et Gaywood. Très belles épreuves.

EARLOM (Richard)

857 — A flower piece, — A fruit piece. Deux pièces faisant pendants, d'après Van Huysum. Très belles épreuves.

ECHARD, SCHENCK et LEONI

858 — *Echard*, — *Lairesse* (G. de), — *Vouet* (Simon). Trois portraits in-8. Belles épreuves.

ÉCOLE ITALIENNE

859 — Jésus et la Samaritaine, — Le Cinquième héros près de l'hôtel, — La Bacchanale, — Vénus blessée par les épines d'un rosier, etc., etc. Sept pièces gravées par Guido Reni. A. Venitien, Raimondi, le maître au Dé, etc.

ÉCOLE ITALIENNE

860 — La Madeleine, d'après le Corrége, — La Sainte Famille, — Sainte Cécile, — Sainte Marguerite. d'après
Raphaël, — La Vierge et l'Enfant Jésus, d'après Le Par-
mesan, etc. Dix pièces.

861 — Paysages et sujets, d'après Veronèse, — Le Domini-
quin, — Procaccini, — Titien, — Raphael, etc. Treize
pièces.

862 — Estampes par Castiglione, Fontana, Carrache, Rainaldi,
Amman, P. Bodart, etc. Douze pièces.

ÉCOLE DE FONTAINEBLEAU (Anonyme de l')

863 — Le Jugement de Pâris (B., 44), — Plusieurs hommes
occupés à la pêche, par L. Daven, d'après le Primatice
(B., 65). Deux pièces. Très belles épreuves.

ÉCOLE FRANÇAISE DU XVIIIᵉ SIÈCLE

864 — Le Cordonnier hollandais, — La jeune Aubergiste, —
La Dormeuse, — Le Sultan, — La Vierge aux raisins, —
Le Chat. d'Angora et sa famille, etc. Onze pièces, par
B. Picart, Eisen, Basan, Halbou, Mercier, Vanloo, etc.

865 — Costumes et paysages, par Le Prince, J. Rigaud,
T. Michau, etc. Dix pièces. Belles épreuves.

866 — Études de têtes et sujets divers, d'après Boucher,
Clermont, Le Brun, Watteau, Huet, etc. Neuf pièces.

867 — Le Monarque bienfaisant, — Spring, — Le Bal champêtre, — Le Jeu de cartes, etc. Sept pièces d'après
Chardin, Eisen, Meon, etc.

868 — Paysages et sujets, par Leprince, Huet, Gillot, Chalon,
Gérard de Lairesse, Leclerc, Lagrenée, Hutin, etc. Seize
pièces. Très belles épreuves.

869 — La Sensitive, — Le Célibat, — Frontispice du Catalogue
Lorangère, — La Jeune mère, — Usage des Russes
après le mariage et avant la noce, etc. Sept pièces, en
noir et en couleur.

ÉCOLE FRANÇAISE DU XVIIIᵉ SIÈCLE

870 — Sujet allégorique, représentant le débarquement du comte d'Estaing. — La Ménagère, par Cl. Duflos, d'après Benoist. Deux pièces.

ÉCOLE HOLLANDAISE

871 — Eaux-fortes, par Dietricy, Zeeman, Ostade, P. de Laer, Bega, etc. Dix pièces.

EDELINCK (Gérard)

872 — *Berry* (Charles, duc de), d'après de Troy. Belle épreuve.

873 — *Blye* (J.-B. de), président au Parlement de Tournay (R. D., 179). Très belle épreuve.

874 — *Desjardins* (Martin Vanden Bogaert, connu sous le nom de), d'après Rigaud (R. D., 182). Belle épreuve du deuxième état, avant l'adresse de Drevet.

875 — *Gherardi* (Ev.), dit l'Arlequin, d'après J. Vivien (R. D., 214). Très belle épreuve.

876 — *Hozier* (Charles d'), généalogiste, d'après Rigaud (R. D., 184). Très belle épreuve.

877 — *Evrard* (Ph.), avocat, d'après F. Tortebat (R. D., 192). Très belle épreuve.

878 — *Le Brun* (Charles), d'après N. de Largillière (R. D., 238). Belle épreuve.

879 — Le même portrait. Bonne épreuve.

880 — *Mansart* (Jules Hardouin), surintendant des Bâtiments du Roi, d'après H. Rigaud (R. D., 267). Très belle épreuve du second état, avant l'adresse de Bligny.

881 — *Mellan* (Claude), graveur (R. D., 272), — *Nanteuil* (Robert), célèbre graveur (R. D., 182). Deux portraits. Belles épreuves.

EDELINCK (GÉRARD)

882 — Rigaud (Hyacinthe), d'après lui-même (R. D., 303).
Très belle épreuve.

883 — *Santeuil* (J.-B. de), d'après du Mée (R. D., 311). Belle
épreuve, marge.

884 — *Silvestre* (Israël), d'après Le Brun (R. D., 319). Bonne
épreuve.

885 — *Simon* (Pierre), d'après P. Ernou (R. D.; 320). Très
belle épreuve.

EDELINCK (N.)

886 — *Sévigné* (la marquise de), d'après Nanteuil, in-8. Belle
épreuve avant le trait d'union entre les mots Rabutin et
Chantal.

EISEN (d'après F.)

887 — L'Amour en ribote, par L. Halbou. Très belle épreuve
avant toute lettre.

888 — Amusement de la jeunesse, par N. Dupuis. Très belle
épreuve, grande marge.

889 — Déguisements enfantins. — La Malice enfantine. Deux
pièces faisant pendants, gravées par N. Dupuis. Très
belles épreuves, une a toute sa marge.

890 — L'Espièglerie, par B.-L. Henriquez. Très belle épreuve,
toute marge.

891 — La Folie du siècle. Deux pièces faisant pendants, gravées par Ang. Martinet, femme Dupuis. Très belles
épreuves, marges.

892 — L'Ingratitude, par Halbou. Belle épreuve.

893 — La Joueuse, — L'Escamoteuse. Deux pièces faisant
pendants, gravées par Macret et Mme Dupuis. Superbes
épreuves, grandes marges.

894 — La Marchande de chansons, — Le Plaisir malin. Deux
pièces gravées par Cor et Halbou. Très belles épreuves.

EISEN (d'après F.)

895 — L'Optique, par B.-L. Henriquez. Très belle épreuve, marge.

896 — La Sultane reconnaissante, par Macret. Très belle épreuve.

EISEN (Ch.)

897 — Les Trois Grâces. Jolie pièce gravée à l'eau-forte. Très belle épreuve, toute marge.

EISEN (d'après Ch.)

898 — L'accord de mariage, par R. Gaillard. Très belle épreuve, marge.

899 — L'Amour européen, par Basan. Très belle épreuve.

900 — L'Amour Asiatique, par F. Basan. Très belle épreuve, grande marge.

901 — Les Amusements champêtres, par de Longueil, — L'Heureux Bocage. Deux pièces. Belles épreuves.

902 — Les Amusements champêtres, — Le Midy, — L'Après Midy. Trois pièces, gravées par de Longueil. Belles épreuves.

903 — La Belle Nourrice, — Les Amusements champêtres. Deux pièces, gravées par de Longueil. Belles épreuves.

904 — Le Bouquet bien reçu, par R. Gaillard. Belle épreuve.

905 — Le Concert méchanique, par de Longueil. Très belle épreuve avec le lustre, toute marge.

906 — La Dame de charité, par Voyez l'aîné. Belle épreuve.

907 — Les Délices de la vie champêtre, — Offrande à Vénus, ou la victime agréable. Deux pièces faisant pendants, gravées par de Ghendt. Très belles épreuves.

908 — Les Désirs satisfaits, par Patas. Belle épreuve.

EISEN (d'après Ch.)

909 — La Jolie fermière, — La Belle Nourrice, — Le Bal Champêtre. Trois pièces, gravées par de Longueil. Très belles épreuves.

910 — Le Jour, — La Nuit. Deux pièces faisant pendants, gravées par Patas. Très belles épreuves, marges.

911 — Le Matin, — Le Midy, — L'Après-Midy, — Le Soir. Quatre pièces, gravées par de Longueil. Très belles épreuves.

912 — Les Moissonneurs (Comédie de Favart.) Suite de six pièces, gravées par de Ghendt, le Beau, le Gouaz, etc. Superbes épreuves, toutes marges. Trois sont avant les noms des artistes.

913 — Le Tric-Trac, — La Comète. Deux pièces faisant pendants, gravées par Le Bas. Très belles épreuves, avec l'adresse du graveur. Grandes marges.

914 — La Vertu sous la garde de la Fidélité, par Le Beau. Très belle épreuve.

915 — Vignettes in-8° pour les Contes de La Fontaine, édition dite de Fermiers Généraux. Quarante-sept pièces, dont quelques-unes des refusées.

916 — Vingt pièces, réduction in-18 de la suite précédente.

ELLUIN

917 — *Duplant* (Rosalie), de l'Académie royale de musique, d'après Le Clerc, in-4°. Très belle épreuve.

918 — *La Ruette* (Jean-Louis), Comédien, d'après Le Clerc, in-4°. Très belle épreuve.

919 — *La Ruette* (Marie-Thérèse-Villette, M{ms}), d'après Le Clerc, in-4°. Très belle épreuve avant l'adresse.

920 — *Legros* (Joseph), de l'Académie royale de musique, gravé par Macret d'après Le Clerc, in-4°. Très belle épreuve.

ELLUIN

921 — *Le Kain* (Henri-Louis), d'après Bertaux, in-4°. Très belle épreuve, marge.

EMMANUEL

922 — *Romainville* (Louis). Acteur, d'après Lacour, 1785, in-fol. Belle épreuve.

ERTINGER

923 — Au buste de Monseigneur. M. Sevin peint à huile, à fresque, à détrempe et en miniature..... Très jolie adresse où sont représentés en bustes les portraits de Louis XIV et du grand Dauphin. Très belle épreuve, marge.

FABER (A.-W.)

924 — *Du Quesnoy* (François), d'après Van Dyck, in-fol. en manière noire. Très belle épreuve, sans aucunes lettres.

925 — Le même portrait. Très belle épreuve avec la lettre.

FENOUIL (d'après)

926 — *Sallé* (Mlle Marie), par Petit, in-4°. Très belle épreuve du premier état avant le Chapeau, le Collier et le Bracelet.

FÉRACUTTI (d'après)

927 — *Cassentini* (Mme), actrice, par Neidl, in-fol. Très belle épreuve.

FERDINAND (L.)

928 — *Lemon* (Marguerite), d'après Van Dyck, in-4°. Belle épreuve.

929 — *Poussin* (Nicolas), d'après V. E., in-fol. Très belle épreuve.

FESTOLINI (G.)

930 — *Czartoryska* (Izabella), d'après Cosway, in-fol. Très belle épreuve.

FICQUET (ÉTIENNE)

931 — *Ariosto* (Lodovico) (4), — *Cicéron*, d'après Rubens. (32.) Deux pièces. Belles épreuves.

932 — *De Chennevières* (31). Très belle épreuve.

933 — *Corneille* (P.), d'après Le Brun (34). Très belle épreuve.

934 — *Crébillon* (Prosper Jolyot de), d'après Aved (37). Belle épreuve.

935 — *Crébillon* (Prosper-Joliot de), d'après Aved, — *Montaigne* (Michel de), d'après Dumoustier. Deux portraits, in-8°. Belles épreuves.

936 — *Descartes* (René), d'après F. Hals (39). Belle épreuve.

937 — *Dortous de Mairan* (J.-J.), d'après Tocqué (44). Belle épreuve.

938 — *Eisen* (Charles), d'après Vispré (51). Belle épreuve, marge.

939 — De Lamothe - *Fénelon*, d'après Vivien (58). Belle épreuve.

940 — *La Fontaine* (J. de), d'après Rigaud (61). Superbe épreuve dite au ruisseau blanc, marge.

941 — *Le Vayer* (François de la Mothe), d'après Nanteuil. Deux portaits différents. (F., 84 et 85.) Belles épreuves.

942 — *Maintenon* (Françoise d'Aubigné, marquise de), d'après Mignard (93). Très belle épreuve, imprimée sur papier double.

943 — *Montaigne* (Michel de), d'après Dumoustier (102). Belle épreuve.

944 — *Regnard* (Jean-François), d'après Rigaud (122). Belle épreuve.

FICQUET (Étienne)

945 — *Rousseau* (Jean-Baptiste), d'après Aved (131). Très belle épreuve.

946 — *Rousseau* (J. B.), d'après Aved. Belle épreuve. —

947 — *Rousseau* (J. J.), d'après de La Tour (132). Belle épreuve.

948 — *Saugrain* (Guillaume-Claude), (135.) Belle épreuve.

949 — *Vadé* (Jean-Joseph), d'après Richard (150). Bonne épreuve.

950 — *Voltaire* (François-Marie Arouet de), d'après de La Tour (162). Très belle épreuve.

951 — Le comte *d'Harcourt*, — Duchesse de *Fontanges*, — N. *Berghem*, — H. *Rigaud*, — A. *Duquesne*, — Ph. *Wouwermans*, — D. *Teniers*. Huit portraits de la suite d'Odieuvre et de l'*Histoire des Peintres* de Deseamps.

FIESINGER

952 — *Mirabeau* (H.-G.), d'après Guérin, in-fol. Très belle épreuve.

FILLŒUL (P.)

953 — Le Milieu du Jour. Très belle épreuve.

FINLAYSON (J.)

954 — *Zamperini* (La Signora), dans le rôle de *Cecchino*, d'après Hone, in-fol. en manière noire. Très belle épreuve.

FLIPART

955 — *Raphaël et Michel-Ange*, représentés en bustes au milieu de figures allégoriques, in-8°. Rare épreuve, à l'état d'eau-forte.

FLODING (P)

956 — *Roslin* (Alexandre), d'après lui-même, in-fol. Belle épreuve.

FOLKEMA (J.)

957 — *Boeck* (Jérôme de), évêque de Harlem, in-4°. Très belle épreuve avant la lettre.

FRANÇOIS, DESPLACES ET B. PICART

958 — Retour de Chasse, — Venus dans l'Atelier de Vulcain, — Le Massacre des Innocents. Trois pièces, dont une avant la lettre.

FRAGONARD (H.)

959 — L'Armoire, 1778. (P. de B., 2.) Superbe épreuve avant toute lettre, marge.

960 — Le Parc. (P. de B., 4.) Très belle épreuve de la copie.

961 — Les Deux Femmes à cheval. (P. de B., 5.) Très belle épreuve, marge.

962 — Les Quatre Bacchanales. (P. de B., 6-9.) Très belles épreuves, avec marges.

963 — Saint-Jérôme (21), — Guerrier devant un tribunal (24). Deux pièces. Belles épreuves.

FRAGONARD (d'après H.)

964 — L'Amour en Sentinelle, par Miger. Très belle épreuve.

965 — L'Amour Sacrifiant ses ailes à l'Amitié, par Alix. Très belle épreuve, marge.

966 — Les Baignets, par De Launay. Belle épreuve.

967 — Le Baiser Amoureux, — L'Instant désiré. Deux pièces faisant pendants, publiées chez Esnaut et Rapilly. Très belles épreuves, marges.

968 — Le Baiser à la Dérobée, par N.-F. Regnault. Superbe et très rare épreuve avant toutes lettres, seulement le nom du graveur tracé à la pointe.

969 — Le Baiser Dangereux, par Flipart. Très belle épreuve, marge.

FRAGONARD (d'après H.)

970 — La Bascule, — Le Colin-Maillard. Deux pièces faisant pendants, gravées par Beauvarlet. Belles épreuves.

971 — La Cachette Découverte, par R. De Launay, — La Fuite à dessein, par Boilvin, — Paysage avant la lettre. Trois pièces. Belles épreuves.

972 — La Chemise enlevée, par Guersant. Superbe épreuve, très grande marge.

973 — Le Chiffre d'Amour, par N. De Launay. Très belle épreuve, marge.

974 — Le Contrat, par Blot. Très belle épreuve avant la dédicace.

975 — Le Contrat, — Le Verrou. Deux pièces faisant pendants, gravées par Blot. Très belles épreuves.

976 — La Coquette Fixée, par Couché et Dembrun. Belle épreuve.

977 — La Culbute, par Charpentier. Pièce imprimée en bistre. Très belle épreuve.

978 — Les Deux Baisers. Deux pièces faisant pendants, gravées par Marchand. Très belles épreuves avec l'adresse du graveur.

979 — Dites donc s'il vous plaît, par De Launay. Belle épreuve avant la dédicace.

980 — La Famille du Fermier, par Beauvarlet. Très belle épreuve.

981 — La Fontaine d'Amour, par N. F. Regnault. Belle épreuve.

982 — La Fuite à dessein, par Macret et Couché. Très belle épreuve.

983 — La Gimblette. Superbe épreuve avant toute lettre.

984 — La même estampe, par Bertony. Belle épreuve, sans marge.

FRAGONARD (d'après H.)

985 — Habillement d'un Guerrier, lithographié par Dagneau. Belle épreuve.

986 — Les Hazards heureux de l'Escarpolette, par N. de Launay. Très belle épreuve avant la dédicace et avec la faute, le mot : *Escarpolette* écrit avec un *s*, remmargée

987 — L'Heureuse Fécondité, — L'Éducation fait tout. Deux pièces faisant pendants, gravées par N. de Launay. Très belles épreuves, grandes marges.

988 — L'Heureuse Famille, par J.-G. Huck. Belle épreuve.

989 — L'Innocence inspire la Tendresse, par Voisard. Superbe épreuve avant la dédicace, grande marge.

990 — Les Jeunes Sœurs, par J. Vidal. Très belle épreuve.

991 — Leçon d'Équitation, par Mlle Gérard. Très belle épreuve. marge.

992 — La Lecture, par J. de Goncourt. Très belle épreuve.

993 — Ma Chemise Brûle, par A.-L. Legrand. Très belle épreuve avant toute lettre.

994 — Le Moment Favorable, par Berthet. Très belle épreuve. Rare.

995 — Paysages et Sujets, gravés par Saint-Non. Quatre pièces. Très belles épreuves avant la lettre.

996 — Pèlerinage à Saint-Nicolas, par Mathieu. Superbe épreuve avant la lettre.

997 — Les Pétards, — Les Jets d'Eau. Deux pièces faisant pendants, gravées par Auvray. Très belles épreuves, grandes marges.

998 — Le Pot au Lait, — Le Verre d'Eau. Deux pièces, gravées par N. Ponce. Très belles épreuves, marges.

999 — Sapho, par Mlle Papavoine. Très belle épreuve, marge.

1000 — Le Serment d'Amour, par J. Mathieu. Très belle épreuve.

FRAGONARD (d'après H.)

1001 — S'il m'était aussi fidèle, par Dennel. Très belle épreuve.

1002 — Le Songe d'amour, par N.-F. Regnault. Très belle épreuve.

1003 — Spirat adhuc Amor..... Petite pièce gravée par le comte de Paroy. Très belle épreuve tirée en bistre. Rare.

1004 — Le Verre d'eau, par Ponce. Bonne épreuve.

1005 — Figures des Contes de La Fontaine, destinées à orner l'édition des Contes en 2 vol. in-4, imprimées par P. Didot l'aîné. Suite de 20 pièces. Très belles épreuves. Une figure, la fiancée du roi de Garbe, 2e planche, est avant la lettre. Toute marge.

1006 — Figures tirées des contes de La Fontaine, édition Didot. Dix pièces. Belles épreuves.

1007 — Le Baiser rendu, par Lingée. Très belle épreuve avant la lettre.

1008 — La Clochette, par Dambrun. Très rare épreuve avant toute lettre, seulement le nom de Dambrun, tracé à la pointe à droite, dans la marge du bas. Grande marge.

1009 — Le Faucon, par Tilliard. Très rare épreuve à l'état d'eau-forte.

1010 — Le Gascon puni, par L. Halbou. Très rare épreuve avant toute lettre, seulement les noms des artistes et la date de 1792 tracés à la pointe sous le trait carré.

1011 — On ne s'avise jamais de tout, par Patas. Très rare épreuve à l'état d'eau-forte.

1012 — On ne s'avise jamais de tout, par Patas. Très rare épreuve à l'état d'eau-forte.

1013 — Portrait de Fragonard et eaux-fortes d'après ses dessins, par Le Rat, Monziès, Lalauze, Los Rios, Champollion, J. de Goncourt, etc. Treize pièces.

FREUDEBERG (d'après S.)

1014 — Les Adieux du laboureur, — Le Musicien du hameau. Deux pièces faisant pendants, gravées par Trière. Très belles épreuves.

1015 — La Complaisance maternelle, par N. de Launay. Belle épreuve.

1016 — La Crainte enfantine, — La Confiance enfantine. Deux pièces faisant pendants, gravées en couleur par Janinet. Très belles épreuves.

1017 — Les mêmes estampes. Très belles épreuves, imprimées en noir.

1018 — Départ du soldat suisse, — Retour du soldat suisse, — L'Heureuse mère, — Le Retour du laboureur. Quatre pièces gravées par le comte de Corneillan. Épreuves avant la lettre.

1019 — Les Époux curieux, — L'Horoscope accomplie. Deux pièces faisant pendants, publiées par N. Ponce. Très belles épreuves, marges.

1020 — Le Gage de la fidélité, par Voyez le Jeune et Mercier. Très belle épreuve.

1021 — La Gaieté conjugale, — La Félicité villageoise. Deux pièces faisant pendants, gravées par De Launay et J.-L. Delignon. Très belles épreuves, dont une avec grande marge.

1022 — Lison dormait, par Trière. Très belle épreuve.

1023 — La Petite famille suisse, par Duncker et Eichler. Belle épreuve.

1024 — La petite fête imprévue, — La Chanteuse du mois de May, — Paysages suisses. Quatre pièces gravées au trait par F.-G. Lardy. Deux sont avant la lettre.

1025 — Le Petit jour, par N. de Launay. Très belle épreuve.

1026 — Le Présent du fermier, par Le Beau. Bonne épreuve.

FREUDEBERG (d'après S.)

1027 — Le Soldat en semestre, — Le Négociant ambulant. Deux pièces faisant pendants gravées par Ingouf Junior, 1777. Très belles épreuves, grandes marges.

1028 — Le Bain, par A. Romanet, 1774. Très belle et rare épreuve avant toute lettre, seulement le nom des artistes tracés à la pointe.

1029 — Le Boudoir, par P. Maleuvre, 1774. Très [belle épreuve avant le numéro.

1030 — Les Confidences, par C.-L. Lingée, 1774. Très belle épreuve avant le numéro.

1031 — Le Coucher, gravé à l'eau-forte par Duclos, terminé au burin par Bosse. Très belle épreuve avant le numéro.

1032 — L'Évènement au bal, gravé à l'eau-forte par Duclos, terminé au burin par Ingouf Junior. Très belle épreuve avant le numéro, grande marge.

1033 — Le Lever, par A. Romanet, 1774. Superbe et très rare épreuve avec la tablette blanche.

1034 — L'Occupation, par Lingée. Superbe épreuve avant le numéro, marge.

1035 — La Promenade du matin, par Lingée, 1774. Très belle épreuve avant le numéro.

1036 — La Promenade du soir, par Ingouf Junior, 1774. Superbe et très rare épreuve avec la tablette blanche.

1037 — La Soirée d'hyver, par Ingouf, 1774. Très belle épreuve.

1038 — La Toilette, par Voyez l'aîné, 1774. Très belle épreuve, grande marge.

1039 — La Visite inattendue, par Voyez l'aîné, 1774. Très belle épreuve avant le numéro.

1040 — La Surprise, par Ingouf. Belle épreuve.

1041 — L'Heureuse union, par Bosse. Très belle et rare épreuve de la planche non encore réduite.

FROSNE ET REGNESSON

1042 — *Dufay de Saint-Jouen* (Gaspard), maître des requêtes, d'après Ferdinand, — *Mazarin* (le cardinal de). Deux portraits in-fol. Belles épreuves.

GAGNIÈRE

1043 — *Marguerite de Lorraine*, seconde femme de Gaston, duc d'Orléans, debout en pied, in-fol. Très belle épreuve. Rare.

GAILLARD (R.)

1044 — *Beaumont* (Christophe de), d'après J. Chevalier, in-fol. Belle épreuve.

1045 — *Castanier* (François), d'après H. Rigaud. Très belle épreuve, avec marge.

1046 — *Louise Ulrique de Prusse*, reine de Suède, d'après Latinville, in-fol. Belle épreuve.

GALLE (C.)

1047 — La Sainte Famille, d'après F. Vani. Très belle épreuve.

1048 — *Tassis* (L.-Cl.-Fr. de la Tour, comte de), d'après Vanden Horst. Très Belle épreuve, marge.

GALLE (Ph.) ET J. SADELER

1049 — Le Bon Pasteur, d'après Breughel, —L'Annonciation. Deux pièces. Très belles épreuves.

GAUCHER (Ch.-Ét.)

1050 — *Marie Leczinska*, d'après J.-M. Nattier. Belle épreuve remmargée.

GAULTIER (L.)

1051 — Le Jugement dernier, d'après Michel-Ange. Très belle épreuve.

GAULTIER (L.)

1052 — Vue de Paris à vol d'oiseau, vers 1600. Très belle épreuve.

1053 — Aerodius (Petrus), in-4. Belle épreuve.

1054 — *Anne d'Autriche*, reine de France, in-4. Très belle épreuve avant le nom du graveur.

1055 — Jeanne *d'Arc*, représentée à cheval, in-8. Très belle épreuve.

1056 — Henri IV, roi de France. Trois portraits différents, in-8 et in-4. Belles épreuves.

1057 — Frontispice avec le portrait d'Henri IV pour *Historiarum sui Temporis*, par J. Aug. de Thou, in-fol. Belle épreuve.

1058 — *Saint Louis*, roi de France, in-8. Très belle épreuve, marge.

1059 — *Louis XIII*, tenant le sceptre et la main de justice, in-8. Très belle épreuve.

1060 — Louis XIII en pied, — Louis XIII à genoux devant un prie-Dieu. Deux portraits in-8. Belles épreuves.

1061 — Marguerite *de Valois*, reine de Navarre, in-8. Très belle épreuve, marge.

1062 — *Mercœur* (le duc de). — *Joyeuse* (le duc de), — *Longueville* (Henri d'Orléans, duc de). Trois portraits in-8. Belles épreuves.

1063 — *Nemours* (Anne d'Este Ferrare, duchesse de), in-8. Très belle épreuve.

1064 — Rabel dessinant le portrait de la reine, in-8. Très belle épreuve.

GAULTIER (L.), DE LEU et IODE

1065 — Marie de Médicis, trois portraits différents, — Élisabeth de Bourbon, reine d'Espagne. Quatre portraits in-8. Belles épreuves.

GAULTIER (L.) ET **MATHEUS**

1066 — *Condé* (Henri de Bourbon, prince de), — *Louis XIII*, roi de France, — *Charles VII*, roy de France. Trois portraits in-8 et in-4. Belles épreuves.

GELLÉE (Claude)

1067 — La Fuite en Égypte (R. D., 1). Belle épreuve.

1068 — L'Apparition (R. D., 2). Belle épreuve.

1069 — Le Troupeau à l'abreuvoir (R. D., 4). Très belle épreuve du 1er état, marge.

1070 — Le Passage du gué (R. D., 3). Belle épreuve.

1071 — La Tempête (R. D., 5). Bonne épreuve.

1072 — La Danse au bord de l'eau (R. D., 6). Belle épreuve.

1073 — Le Naufrage (R. D., 7). Bonne épreuve.

1074 — Le Bouvier (R. D., 8). Belle épreuve, mais tachée.

1075 — La Dessinateur (R. D., 9). Belle épreuve.

1076 — La Danse sous les arbres (R. D., 10). Bonne épreuve.

1077 — Le Port de mer au fanal (R. D., 11). Bonne épreuve.

1078 — Scène de brigands (R. D., 12). Belle épreuve.

1079 — Le Port de mer à la grosse tour (R. D., 13). Belle épreuve du 2e état.

1080 — Le Pont de bois (R. D., 14). Belle épreuve.

1081 — Le Soleil couchant (R. D., 15). Belle épreuve.

1082 — Le Départ pour les champs (R. D., 16). Très belle épreuve.

1083 — Mercure et Argus (R. D., 17). Très belle épreuve du 1er état.

1084 — Le Chevrier (R. D., 19). Très belle épreuve.

1085 — Berger et Bergère conversant (R. D., 21). Belle épreuve.

GELLÉE (CLAUDE)

1086 — L'Enlèvement d'Europe (R. D., 22). Belle épreuve du 1er état.

1087 — Le Campo-Vaccino (R. D., 23). Bonne épreuve.

1088 — La Danse villageoise (R. D., 24). Belle épreuve du 1er état.

1089 — Le Pâtre et la Bergère (R. D., 25). Belle épreuve.

1090 — Les Trois chèvres (R. D., 26), — Les Quatre chèvres (R. D., 27). Belles épreuves du 1er état.

GÉRARD (d'après Mlle)

1091 — L'Élève intéressante, — Le Triomphe de Minette. Deux pièces faisant pendants, gravées par Vidal. Très belles épreuves.

1092 — L'Heure du rendez-vous, par H. Girard. Très belle épreuve.

1093 — Les Regrets mérités, par De Launay. Très belle épreuve, marge.

GHEYN (J. DE)

1094 — Fond de plat avec Nymphes, Amours et figures allégoriques. Très belle épreuve.

1095 — *Gorlaeus* (A.), antiquaire, in-8. Très belle épreuve, portant au verso la signature de P. Mariette, 1680.

1096 — Le même personnage de forme ovale, sans nom d'artiste. Belle épreuve.

GHEYN (W. DE)

1097 — Louys XIV, par la grâce de Dieu, roy de France et de Navarre, in-fol. équestre. Très belle épreuve.

GHISI (Adam)

1098 — Hercule et Déjanire, d'après J. Romain (B., 10). Très belle épreuve, marge.

1099 — Une espèce de Bacchanale, où sont représentés trois Faunes et deux Bacchantes (B., 24). Très belle épreuve.

1100 — Le Jeune Hercule attentif à ce qui lui est proposé par la Vertu et par la Volupté (B., 26), — La Servitude (B., 103), — Le chasseur Orion portant sur ses épaules Diane, déesse des forêts (B. 43), copie d'après G. Ghisi. Trois pièces.

GHISI (J.-B.)

1101 — La Vierge assise, allaitant l'Enfant Jésus qu'elle a sur ses genoux (B., 2). Très belle épreuve.

1102 — Les Troyens repoussant les Grecs jusque dans leurs vaisseaux où ils les combattent, d'après J. Romain (B., 20). Très belle épreuve.

GHISI (George)

1103 — La Sainte Vierge saluant sainte Elisabeth à qui elle vient rendre visite, d'après Salviati (B., 1). Très belle épreuve.

1104 — Le Père Eternel soutenant entre ses bras Jésus-Christ mort pour le salut des hommes (B., 14). Très belle épreuve.

1105 — Cajus Marius assis dans les prisons de Minturne, d'après Polydore Caldara (B., 26), Très belle épreuve.

1106 — Thétis assise sur un tronc d'arbre, — Thétis debout au milieu de deux Tritons (B., 32 et 33). Belles épreuves.

1107 — Vénus assise sur un lit près de Vulcain, d'après Perino del Vaga (B., 35). Très belle épreuve.

1108 — Vénus blessée par les épines d'un rosier, d'après Lucas Penni (B., 40). Très belle épreuve.

1109 — Hercule debout, se reposant sur sa massue (B., 41). Superbe épreuve.

GHISI (George)

1110 — Vénus embrassant Adonis au retour de la chasse (B., 42). Très belle épreuve.

1111 — Hercule victorieux de l'hydre de Lerne (B., 44). Très belle épreuve.

1112 — Cupidon couché sur un lit, près de Psyché couronnée comme lui par une des Heures qui est debout sur le lit, d'après Jules Romain (B., 45). Très belle épreuve.

1112 bis. — Cybèle remettant entre les mains de deux génies Memnon, fils de Titon et de l'Aurore, d'après J. Romain (B., 57). Belle épreuve.

1113 — Le Jugement de Pâris (B., 60). Très belle épreuve.

1114 — Angélique et Médor, d'après Théodore Ghisi (B. 62). Très belle épreuve.

1115 — Un jeune homme porté entre les bras de deux autres hommes et d'une femme (B., app. 1). Deux épreuves, dont une avant les mots : A. Fonta, Bleo. Bol. sur la tablette.

1116 — Pénélope au milieu de ses femmes qui font de la toile, d'après le Primatice (B., app. 2). Très belle épreuve.

GHISI (Diana)

1117 — Sainte Attinie et sainte Greciniane à genoux, d'après Ghirlandajo (B., 25). Très belle épreuve.

1118 — Aspasie discourant à table avec Socrate et un autre philosophe, d'après J. Romain (B., 33). Très belle épreuve.

1119 — Scipion l'Africain faisant rendre à son mari une femme d'une grande beauté qu'on lui avait amenée (B., 33), — Un taureau offert en sacrifice à la statue de Jupiter (B., 46). Deux pièces. Belles épreuves.

1120 — L'Appareil pour les noces de Psyché. Grande estampe composée de trois pièces jointes en largeur, d'après J. Romain (B., 40). Très belle épreuve.

GHISI (Diana)

1121 — Un charlatan tenant des couleuvres et des serpens, d'après J. Romain (B., 44). Superbe épreuve avant l'adresse.

1122 — La Vierge sur les nues; sur le devant, saint Michel terrassant le démon. Pièce non décrite. Très belle épreuve.

GIFFART (P.)

1123 — *Giavarina* (Bartholomeus), d'après Van Schuppen, in-fol. Très belle épreuve.

GILLOT (Claude)

1124 — La Passion de la guerre, — L'Education. Deux pièces. Belles épreuves.

1125 — Neptune, — Flore, — Diane, — Thétis, — Bacchus. Suite de cinq pièces arabesques en hauteur. Très belles épreuves.

GLOCKENTON (A.)

1126 — La Flagellation (B., 7), — La Descente aux limbes Deux pièces. Belles épreuves.

GOLTZIUS (H.)

1127 — Jésus-Christ circoncis dans le temple (B., 18). Très belle épreuve.

1128 — La Sainte Vierge et saint Joseph montrant aux bergers Jésus qui vient de naître (B. 21). Très belle épreuve avant que la date ait été effacée, signée au verso : P. Mariette, 1670.

1129 — La Sainte Famille (B. 24), Très belle épreuve.

1130 — La Passion de Jésus-Christ. Suite de douze estampes (B., 27, 38). Très belles épreuves.

GOLTZIUS (H.)

1131 — La Vierge pleurant sur le corps de Jésus-Christ qui est étendu sur ses genoux (B., 41). Superbe épreuve avec marge, signée au verso : P. Mariette, 1666.

1132 — Le même sujet copié dans le même sens et de la même grandeur que l'original, sans nom ni marque, mais attribué à J. Saenredam. Très belle épreuve.

1133 — Tentation de saint Antoine (B., 59). Très belle épreuve, marge.

1134 — Les Romains illustres par leur valeur. Cinq pièces d'une suite de dix (B., 94-103). Le frontispice et les n°s 2, 3, 4 et 7 de la suite. Très belles épreuves.

1135 — Un capitaine d'infanterie, marchant avec une halle-barde à la main (B., 129). Très belle épreuve, marge.

1136 — Mars et Vénus surpris en adultère (B., 139). Superbe épreuve avec marge.

1137 — Statue antique d'Apollon Pythien (B., 145). Très belle épreuve.

1138 — Vénus se reposant sur un lit, tandis que l'Amour remplit de flèches son carquois, d'après Goltzius (B., 51). Très belle épreuve avant l'adresse de Vischer.

1139 — *Broeckhor* (Jean), bourgmestre de la ville de Leyde (B., 163). Belle épreuve.

1140 — Forestus (Pierre), médecin (B., 169). Superbe épreuve signée : P. Mariette, 1670.

1141 — Le même portrait. Belle épreuve.

1142 — Henri IV, roi de France et de Navarre (B., 173). Très belle épreuve, la marge coupée.

1143 — *Nicquet*, représenté en manteau et avec une fraise autour du cou (B., 177). Très belle épreuve.

1144 — *Orange* (Guillaume de Nassau, prince d'), dit le Taci-turne, — *Bourbon-Montpensier* (Charlotte de), sa femme (B., 178 et 179). Superbes épreuves du 1er état, avant l'adresse d'Hondius.

GOLTZIUS (H.)

1145 — *Zurenus* (Jean) (B., 189). Très belle épreuve.

1146 — *Frisius*, fils du peintre Théod. Frisius. Estampe connue sous le nom : Le Chien de Goltzius (B., 190). Superbe épreuve. Collection Dreux.

1147 — *Decker* (Catherine), belle-mère de Goltzius (B., 210). Superbe épreuve avec grande marge.

1148 — *La Faille* (Noël de), capitaine hollandais (B., 212), — La Faille (Cornelia Capellen, Mme de) (B., 213). Deux portraits faisant pendants. Superbes épreuves.

1149 — Les Amours de Mars et de Vénus, d'après Spranger (B., 276). Très belle épreuve.

1150 — Portrait de H. Goltzius, gravé par Suyderhoef. Très belle épreuve avant le numéro.

1151 — Le même personnage, gravé par G. Edelinck. Belle épreuve avec marge.

GOLTZIUS (J.)

1152 — La Vierge, l'Enfant Jésus et sainte Anne, d'après Martin de Vos. Belle épreuve.

GOUDT (Le comte de)

1153 — Jupiter et Mercure chez Philémon et Baucis, — L'Ange et le jeune Tobie qui porte le poisson sous son bras, — Le Jeune Tobie traînant le poisson, — Cérès changeant Stellion en lézard. Quatre pièces d'après Elsheimer. Très belles épreuves.

GOYA (Fr.)

1154 — *Olivarès* (Don Gasp. de Gusman, comte d'), in-fol. à cheval, d'après Vélasquez. Très belle épreuve, marge.

GOYA Y LUCIENTES (Fr.)

1155 — Philippe III et Marguerite d'Autriche, son épouse. Deux portraits équestres, d'après Vélasquez. Très belles épreuves.

GOYA Y LUCIENTES (Fr.)

1156 — Isabelle de Bourbon, reine d'Espagne, d'après Vélasquez, in-fol. équestre. Très belle épreuve, marge.

GRANTHOMME (J.)

1157 — *Marie de Médicis*, reine de France, in-4, non décrite. Belle épreuve.

GRAVELOT (d'après H.)

1158 — Le Lecteur, par Gaillard. Très belle épreuve, marge.

1159 — Vignettes in-8 pour illustration de divers ouvrages du xviiie siècle. Vingt-quatre pièces. Très belles épreuves.

1160 — *M*ᵐᵉ *Clairon* couronnée par Melpomène, par N. le Mire, in-4. Superbe épreuve du 1ᵉʳ état, avant le nom de Lemire dans l'adresse.

GRAVELOT, DE TROY ET COYPEL (d'après)

1161 — Le Duel, — La Coquette, — Allégorie où sont représentés Henri IV et Louis XV, — Mort de Louis XIII. Quatre pièces gravées par Rousseau, Beaumont, Surugue et Jeaurat. Belles épreuves.

GREEN (V.)

1162 — Jeune fille en pied, tenant un pigeon sur sa main, d'après Kettle, in-fol. en manière noire. Très belle épreuve, marge.

GREUZE (J.-B.)

1163 — La Jeune Savoyarde (P. de B., 1). Superbe épreuve. Très rare.

GREUZE (d'après J.-B.)

1164 — *Greuze* (J.-B.), par Flipart, in-8. Très belle épreuve.

1165 — L'Amour, par B.-L. Henriquez. Très belle épreuve, marge.

GREUZE (d'après J.-B.)

1166 — Annette, — Lubin. Deux pièces faisant pendants, gravées par L. Binet. Très belles épreuves, marges.

1167 — La Blanchisseuse, par Danzel. Très belle épreuve, marge.

1168 — La Cruche cassée, par J. Massard. Très belle épreuve.

1169 — Le Doux regard de Collette, — Le doux regard de Colin. Deux pièces faisant pendants, gravées par A.-F. Dennel. Très belles épreuves.

1170 — Les Ecosseuses de pois, par Le Bas. Très belle épreuve, marge.

1171 — L'Ecureuse, par Beauvarlet. Très belle épreuve, avant quelques changements dans la gravure et dans le texte.

1172 — L'Education d'un jeune Savoyard, par J. Aliamet. Très belle épreuve, marge.

1173 — L'Enfant gâté, par Malœuvre. Très belle épreuve avant la lettre.

1174 — Les Enfants surpris, par Elluin. Très belle épreuve.

1175 — Etude du tableau La Dame de charité, par Massard. Très belle épreuve.

1176 — Etudes de têtes, de mains, de pieds, sur une même feuille. Très belle épreuve d'une pièce probablement gravée par Greuze.

1177 — La Fille confuse, par Ingouf. Très belle épreuve, marge.

1178 — La Fille grondée, par C.-F. Letellier. Très belle épreuve, marge.

1179 — La Frileuse, — La Fleuriste. Deux pièces faisant pendants, gravées par F.-A. Moitte. Très belles épreuves, marges.

1180 — Le Geste napolitain, — Les Œufs cassés. Deux pièces pendants gravées par P.-E. Moitte. Très belles épreuves.

GREUZE (d'après J.-B.)

1181 — Jeune fille lisant, par Marie L.-A. Boizot. Très belle épreuve.

1182 — Jeune garçon tenant un chien, gravé par Schultze. Très belle épreuve.

1183 — La Jeune nourrice, par F.A. Moitte. Belle épreuve.

1184 — La Jeunesse studieuse, par C. Le Vasseur. Très belle épreuve.

1185 — La Laitière, par J.-C. Levasseur. Superbe et très rare épreuve avant toutes lettres.

1186 — La Lecture de la Bible, par Martenasie. Très belle épreuve, marge.

1187 — Le Malheur imprévu, par R. de Launay. Très belle et rare épreuve avant la dédicace.

1188 — La même estampe. Très belle épreuve, marge.

1189 — La Maman, — La Grand-maman. Deux pièces faisant pendants, gravées par Beauvarlet et Binet. Très belles épreuves, grandes marges.

1190 — La Marchande de harengs, — Jeune garçon debout. Deux pièces faisant pendants, gravées par Mme Beauvarlet. Très belles épreuves.

1191 — La Marchande de marrons, — La Marchande de pommes cuites. Deux pièces faisant pendants, gravées par Beauvarlet. Très belles épreuves, marges.

1192 — La Mère en courroux, — Le Repentir. Deux pièces faisant pendants, gravées par P.-E. Moitte. Très belles épreuves, une a de la marge.

1193 — L'Offrande à l'Amour, par C.-F. Macret. Bonne épreuve.

1194 — L'Oiseau mort, par Flipart. Très belle épreuve, signée au verso : Greuze et Flipart.

GREUZE (d'après J.-B.)

1195 — La Paresseuse, — Le Donneur de sérénade. Deux pièces faisant pendants, gravées par P.-E. Moitte. Superbes épreuves, grandes marges.

1196 — La Pelotoneuse, par L. Cars. Très belle épreuve, grande marge.

1197 — Le Petit frère, — La Petite sœur. Deux pièces faisant pendants, gravées par Hauer. Très belles épreuves.

1198 — Le Petit polisson, par C. Le Vasseur. Très belle épreuve.

1199 — Le Petit boudeur, par Guttenberg. Très belle épreuve, marge.

1200 — La Petite Boudeuse, gravé à la sanguine par Bonnet. Très belle épreuve.

1201 — La Petite Fille au Capucin, par Ingouf. Très belle épreuve.

1202 — La Petite Fille au Chien, par Porporati. Très belle épreuve, avec l'adresse de Greuze, rue Thibautodé.

1203 — La Petite Nanette, par Beljambe. Très belle épreuve.

1204 — La Philosophie endormie (Portrait de Mme Greuze), gravé à l'eau-forte par Moreau le jeune, et terminé au burin par Aliamet. Superbe et très rare épreuve avant la dédicace. Marge.

1205 — Les Premières Leçons de l'Amour, par Voyez. Très belle épreuve avant toute lettre.

1206 — La Privation sensible, par J.-B. Simonet. Très belle épreuve, grande marge.

1207 — Retour de Nourice, par Hubert. Très belle épreuve.

1208 — La Rosière de Salenci, — Le Baiser envoyé, — Invocation à l'Amour, — Tête d'enfant. Quatre pièces par Saint Aubin, Ingouf et autres.

GREUZE (d'après J.-B.)

1209 — La Servante congédiée, — Le Ramoneur. Deux pièces faisant pendants, gravées par Voyez. Très belles épreuves ; une a de la marge.

1210 — Les Sevreuses, par Tilliard et Ingouf. Très belle épreuve.

1211 — Le Silence, par L. Cars et Cl. Donat-Jardinier. Superbe épreuve avant toute lettre.

1212 — Les Soins maternels, par Beauvarlet. Très belle épreuve, marge.

1213 — La Tricoteuse endormie, par Claude Donat-Jardinier. Belle épreuve.

1214 — La Voluptueuse, par R. Gaillard. Très belle épreuve, marge.

1215 — La Vraie Mère, par Voyez. Très belle épreuve avant l'adresse : Se vend à Paris chez Zacharie.

1216 — *Lenoir*, lieutenant de police, par Chevillet, in-fol. Très belle épreuve, marge.

GREVEDON ET MAURIN

1217 — Mlle *Mars*, — Mlle *Georges Veimer*. Deux portraits in-fol. d'après Gérard.

GRIGNON

1218 — *Courselle* (Marie de Neuville, dame de), in-fol. Belle épreuve.

GRIMOU (d'après)

1219 — L'Espagnol, par Flipart. Très belle épreuve, marge.

GROBON ET DE MARNE

1220 — Paysages gravés à l'eau-forte. Huit pièces. Très belles épreuves.

GUNST (P.)

1221 — Suite de dix portraits en pied gravés d'après les tableaux de Van Dyck, du cabinet de Wharton, in-fol. Très belles épreuves.

GUYOT

1222 — Le Matin, — Le Soir. Deux pièces faisant pendants, gravées en couleur d'après Robert. Très belles épreuves.

1223 — Vue des environs de Rome, d'après Pernet, en couleur. Très belle épreuve.

HABERT (N.)

1224 — *Dominique* (Joseph), d'après Ferdinand, in-4. Très belle et rare épreuve avant le Masque et avant le mot Harlequin, dans l'inscription, avec des vers italiens sur la tablette.

Le même portrait, épreuve avec le Masque et le mot Harlequin. Les vers italiens sur la tablette sont remplacés par des vers français. Deux pièces.

HALBEECK (J.)

1225 — Henri IV, roi de France et de Navarre, à cheval, revêtu d'une riche armure, au bas, quatre vers commençant par ces mots : *Tout cedde à la valeur....*, in-fol. Très belle épreuve du premier état, avec les mots : Henry de Bourbô IIII, roy de Frâ et de Nav, disposés en forme d'auréole autour de sa tête. Rare.

HALUECH (A.)

1226 — Marie de Médis, reine de France, in-folio. Belle épreuve.

HECKE (A. Van)

1227 — David jouant de la harpe devant Saül, — Assemblée des dieux. Deux pièces. Très belles épreuves.

HEILLMANN (d'après)

1228. — Le Bon Exemple, — Mlle sa Sœur. Deux pièces faisant pendants, gravées par Chevillet. Très belles épreuves.

HEMERY (A Paris, chez Mme)

1229 — La Clinquaillière ambulante. Pièce in-4. Rare. Très belle épreuve, marge.

HENRIQUEL-DUPONT

1230 — *Rachel*, d'après Lehmann, in-fol. Très belle épreuve sur Chine.

HENRIQUEZ (B.-L.)

1231 — *Chartres* (Louise-Marie-Adélaïde de Bourbon, duchesse de), d'après Duplessis, in-fol. Très belle épreuve.

HESS (Ch.)

1232 — Le Charlatan, d'après Gérard Dow. Très belle épreuve.

HILAIR (d'après J.-B.)

1233 — L'Esclave heureux, par J. Mathieu. Très belle épreuve, marge.

HOGARTH (W.)

1234 — Hogarth (William), représenté dans son atelier, — Le même personnage en buste. Deux portraits in-fol. Très belles épreuves.

HOIN (d'après)

1235 — *Dorat*, petit buste dans un médaillon au milieu de figures allégoriques, avec bordure ornementée, gravé par Fessard, in-8. Très belle épreuve.

HOLLAR (W.)

1236 — *Beham* (H.-S.) et sa femme, représentés en regard l'un de l'autre, sur une même feuille, d'après lui-même. Belle épreuve.

1237 — *Henriette* de France, reine d'Angleterre, d'après Van Dyck, — *Anne de Clèves*, d'après Holbein. Deux portraits. Belles épreuves.

1238 — *Wichmann* (Aug.), in-fol. Belle épreuve.

1239 — *Wichmann* (Aug.), — *Craenhals* (Henri), — *Aretino* (Pietro), etc. Cinq portraits in-8. Belles épreuves.

1240 — La Cathédrale d'Anvers. Très belle épreuve.

HOLLAR ᴇᴛ GOYA

1241 — *L'Aretin*, d'après Titien, — Un Nain de Philippe IV, d'après Velasquez. Deux portraits in-4. Belles épreuves.

HONDIUS (H.)

1242 — Henri IV, roi de France, in-fol. Très belle épreuve.

HONDIUS (G.)

1243 — *Longkius* (D.-H.-C.), d'après Isaac Mytens, in-fol. Très belle épreuve.

HOOGHE (Rᴏᴍᴀɪɴ ᴅᴇ)

1244 — *Ruyter* (Michel-Adrien de), amiral, in-fol. Très belle épreuve. Rare.

HOAVE (Fʀ. Vᴀɴ ᴅᴇɴ)

1245 — *Cornélisz* (Jacques), chirurgien, d'après C. de Visscher, in-fol. Très belle épreuve.

HOPFER (J.)

1246 — *Charles V* (B., 58). Très belle épreuve.

HOPFER (D.)

1247 — Le Centenier perçant d'une lance le corps mort de Jésus-Christ (B., 14). Belle épreuve avant le numéro.

1248 — Jésus-Christ paraissant dans sa gloire pour juger les vivants et les morts (B., 15), — Silène assis sur un tonneau, par J. Hopfer. Deux pièces. Belles épreuves avant les numéros.

HOUBRAKEN

1249 — *Brunswick-Lunebourg* (Sophie-Dorothée de), reine de Prusse, d'après Pesne, in-4. Belle épreuve, marge.

HUBER (J.-J.)

1250 — *Oligny* (Mlle d'), actrice d'après Vanloo, in-fol. Très belle épreuve.

HUBERT ET DE LONGUEIL

1251 — *Beaufort* (le duc de), d'après Graincourt, — *Bossuet* (J.-B.), d'après Rigaud. Deux portraits in-8. Belles épreuves.

HUBERT-ROBERT, PANINI ET VERNET (d'après)

1252 — Paysages et Monuments en ruines. Trois pièces avant la lettre, à l'état d'eau-forte. Très belles épreuves.

HUCHTENBURGH

1253 — Marche du Roy accompagné de ses gardes passant sur le pont Neuf et allant au Palais, d'après Vander Meulen. Grande estampe en trois feuilles. Très belle épreuve.

HUET (J.-B.)

1253 *bis* — Etudes d'Animaux et Sujets champêtres. Douze pièces en noir et couleur. Belles épreuves.

HUET (d'après J.-B.)

1254 — Le Berger empressé, — La Bergère couronnant l'Amour. Deux pièces gravées en couleur par Demarteau et Bonnet. Belles épreuves.

1255 — Le Berger pressant, par Godefroy. Très belle épreuve.

1256 — Berger et Bergère gardant leur troupeau, en couleur. Belle épreuve, sans marge.

1257 — La Bergère caressée par l'Amour, gravé en couleur par Demarteau. Très belle épreuve.

1258 — La même composition, gravée en couleur, avec quelques changements et de format plus petit. Très belle épreuve.

1259 — La Bergère récompensée, gravé en couleur par Jubier. Belle épreuve.

1260 — Le Chat d'Angora et sa Famille, — Le Chien Bichon et sa Famille. Deux pièces faisant pendants, gravées par Schnitz. Très belles épreuves, marges.

1261 — La Constance, portrait de Mimi, — La Fidélité, portrait d'Inès. Deux pièces faisant pendants, gravées par E. Fessard et Aug. de Saint-Aubin. Très belles épreuves, avec marges.

1262 — Le Départ de Campagne, — Offrande à l'Amitié. Deux pièces gravées en couleur par Bonnet. Belles épreuves.

1263 — Le Départ du Fermier, — Le Retour à la Ferme. Deux pièces faisant pendants, gravées à l'eau-forte. Très belles épreuves, avec marges.

1264 — Le Départ d'une Foire, — Le Retour à la Ferme. Deux pièces faisant pendants, gravées en couleur par Jubier. Belles épreuves.

1265 — Le Goûter champêtre, — Le Marchand de Poisson. Deux pièces faisant pendants, gravées en couleur par Jubier. Très belles épreuves.

HUET (d'après J.-B.)

1266 — Les Lapins, gravé en couleur par Jubier. Belle épreuve avant la lettre, marge.

1267 — Le Loup berger, — Retour des Champs, — Le Marché. Trois pièces par Demarteau. Belles épreuves.

1268 — Le Mouton chéri, — La Jeune Fermière. Deux pièces aux trois crayons, par Demarteau (434 et 567). Belles épreuves.

1269 — Le Nid d'amours, — L'Education de l'amour. Deux pièces faisant pendants, gravées en couleur par L. Bonnet. Belles épreuves.

1270 — Nymphes et Amours, gravé en couleur par L'Eveillé. Très belle épreuve.

1271 — Nymphes au bain. Deux compositions différentes, gravées en couleur par L'Eveillé. Belles épreuves, sans marge.

1272 — Offrande à l'Amour, — Offrande à Bacchus. Deux pièces gravées aux trois crayons par Demarteau. Belles épreuves.

1273 — Le Renard et la Cigogne, — Le Peintre dans son Atelier, — Etudes d'animaux, — La Jeune Chevrière. Quatre pièces.

1274 — Le Repos champêtre, — La Marchande de légumes. Deux pièces gravées en sanguine par Demarteau (363 et 364).

1275 — Le Retour à la Ferme, — Préparatifs pour le Marché. Deux pièces faisant pendants, gravées en couleur par Auvray et Mattet. Très belles épreuves.

1276 — Ruines avec Berger et Bergère sur le devant, gravé en couleur par Demarteau. Belle épreuve, sans marge.

1277 — Vénus et Adonis, — L'Entrée d'une Ferme. Deux pièces gravées en couleur par Demarteau. Belles épreuves, sans marge.

HUET (d'après J.-B.)

1278 — Vénus et l'Amour, par Demarteau, au trois crayons
(576). Très belle épreuve.

1279 — Vénus sur un Dauphin, — Jupiter et Io. Deux pièces
gravées aux trois crayons par Demarteau (553 et 573).
Belles épreuves.

1280 — Première Vue des environs d'Antony, — Deuxième
Vue des environs d'Antony. Deux pièces faisant pendants, gravées par O. Michel. Très belles épreuves, avec
marge.

1281 — Vue d'une Fontaine antique, — Vue de l'intérieur
d'une Ferme. Deux pièces faisant pendants, gravées en
couleur par Jubier. Très belles épreuves, marges.

1282 — Les deux mêmes pièces et Paysage traversé par une
rivière, aussi gravé par Jubier. Trois pièces. Très belles
épreuves.

1283 — Portrait de *M*me *Huet* jouant de la mandoline, gravé
aux trois crayons par Demarteau. Très belle épreuve.

1284 — Deux Portraits différents de Huet, — OEuvre de différents genres. — Principes de dessin, etc. Huit pièces
gravées à la sanguine par Demarteau. Très belles épreuves. Rares.

HUOT (F.)

1285 — *De Launay* (N.), graveur du roi, d'après Saint-Aubin,
in-8. Très belle épreuve.

HUYS (P.)

1286 — Les Israélites traversant le Jourdain (B., t. IX, p. 86). —
Belle épreuve.

INGOUF LE JEUNE (R.-F.)

1287 — *Dow* (Gérard), d'après lui-même, représenté à une
fenêtre, jouant du violon, in-fol. Très rare épreuve avant
la lettre, à l'état d'eau-forte.

INGOUF LE JEUNE (R.-F.)

1288 — *Flipart* (Jean-Jacques), graveur du roy, in-4. Très belle épreuve, grande marge.

INGOUF (P.-C.)

1289 — *Wille* (Jean-Georges), d'après P.-A. Wille. in-4. Superbe épreuve, grande marge.

1290 — Le même portrait, très belle épreuve avec l'inscription autour de l'ovale, grande marge.

IODE (P. DE) LE JEUNE

1291 — La Vierge donnant le sein à l'Enfant Jésus, d'après Titien. Très belle épreuve.

1292 — La Toilette, d'après Jordaens. Belle épreuve.

1293 — *Arétin* (Pierre), d'après Le Titien, in-4. Très belle épreuve. Rare.

1294 — *Spinola* (Ambroise), in-4. Très belle épreuve.

JANINET (F.)

1295 — La Toilette de Vénus, d'après Boucher, en couleur. Très belle épreuve, réemmargée.

1296 — Les Trois Grâces, d'après Pellegrini, en couleur. Très belle épreuve avant la guirlande de fleurs.

1297 — Vénus sur un lit de repos, d'après Charlier, en couleur. Belle épreuve.

1298 — Restes du Palais du pape Jules, d'après Robert, en couleur. Très belle épreuve.

1299 — Villa Madame, — Villa Sachetti. Deux pièces faisant pendants, gravées en couleur, d'après Hubert-Robert. Très belles épreuves, grandes marges.

1300 — *Colombe* (Mlle) l'aînée, d'après Lemoine, in-8, en couleur. Très belle épreuve.

JANINET (F.)

1301 — *Colombe* (Mlle) l'aînée, dans la Colonie. In-8 en couleur. Belle épreuve.

1302 — *Dugazon* (Mme), rôle de Nina, d'après Dutertre, in-8 en couleur. Très belle épreuve, marge.

1303 — *Favart* (Mme), rôle de Roxelane, in-8 en couleur. Superbe épreuve, marge.

1304 — Le Kain, d'après Brion de la Tour, in-8 en couleur. Très belle épreuve, marge.

JANINET (F.) ET CHAPONNIER

1305 — *Contat* (Mlle), — *Duchesnois* (Mlle), — *Gontier* (Mme), — *Olivier* (Mlle). Cinq portraits in-8 en couleur. Belles épreuves.

JEAURAT (d'après Ér.)

1306 — L'Accouchée, — la Relevée. Deux pièces faisant pendants, gravées par Lépicié. Superbes épreuves avec marges.

1307 — L'Amour coquet, — l'Amour petit maître. Deux pièces formant pendants gravées par Edme Jeaurat. Très belles épreuves.

1308 — L'Amour du vrai, — l'Amour de la chasse. Deux pièces faisant pendants gravées par L. Surugue. Très belles épreuves, grandes marges.

1309 — Le Berger constant, par N. Dufour. Très belle épreuve.

1310 — Le Carnaval des rues de Paris. — le Transport des filles de joye à l'hôpital. Deux pièces faisant pendants, gravées par C. Le Vasseur. Très belles épreuves.

1311 — Les Citrons de Javotte, par C. Le Vasseur. Très belle épreuve, grande marge.

1312 — La Coeffeuse, — la Couturière. Deux pièces faisant pendants, gravées par Sornique et Baléchou. Superbes épreuves dont une avec toute marge.

JEAURAT (d'après Ét.)

1313 — Diane au bain, — Naissance de Vénus. Deux pièces gravées par Dupin et M. Aubert. Très belles épreuves, grandes marges.

1314 — L'Econome,— la Coquette,— la Dévote,—la Savante. Suite de quatre pièces gravées par Michel Aubert. Superbes épreuves, très grandes marges.

1315 — L'Econome, — la Terre. Deux pièces gravées par M. Aubert et Eliz. Marlié Lépicié. Belles épreuves.

1316 — Les Eléments. Suite de quatre pièces gravées par Elizabeth Marlié Lépicié. Superbes épreuves du premier état, avec l'adresse de l'auteur et celle de Surugue ; toute marge.

1317 — L'Enfance chimiste, par Marie-Madeleine Igonet. Très belle épreuve, toute marge.

1318 — Enlèvement de police, — Déménagement d'un peintre. Deux pièces faisant pendants, gravées par Cl. Duflos. Superbes épreuves dont une avec très grande marge.

1319 — L'Eplucheuse de salade, par Beauvarlet. Superbe épreuve avant les armes, grande marge.

1320 — L'Exemple des mères, par Lucas. Très belle épreuve.

1321 — Le Fiacre, par Pasquier. Très belle épreuve, toute marge.

1322 — Le Garçon jardinier, par N. Dufour. Très belle épreuve avec marge.

1323 — Le Goûté, par Baléchou. Superbe épreuve, toute marge.

1324 — Hercule et Omphale, — Acis et Galatée. Deux pièces faisant pendants, gravées par Et. Fessard. Superbes épreuves, grandes marges.

1325 — L'Huître et les Plaideurs, — l'Amour et la Folie, — le Savetier et le Financier. Trois pièces gravées par Edme Jeaurat. Très belles épreuves.

JEAURAT (d'après Ét.)

1326 — La Jeunesse, par Lépicié. Très belle épreuve avec l'adresse de l'auteur.

1327 — Le Joli dormir, par E. C. Tournay, femme Tardieu. Très belle épreuve.

1328 — Le Mari jaloux, — l'Opérateur Barei. Deux pièces faisant pendants, gravées par Baléchou. Très belles épreuves.

1329 — La Muse Uranie, par J. Daullé. Superbe épreuve, marge.

1330 — La Place des Halles, — la Place Maubert. Deux pièces faisant pendants, gravées par Aliamet. Très belles épreuves, l'épreuve de la Place Maubert est du premier état, avec l'adresse de l'auteur, rue Saint-Jacques.

1331 — La Place Maubert, par Aliamet. Très belle épreuve avec l'adresse de l'auteur, rue des Mathurins, marge.

1332 — Les Quatre heures du jour, — les Quatre éléments. Huit pièces gravées par Baléchou, bonnes épreuves.

1333 — Le Remède, par Aliamet. Superbe épreuve, toute marge.

1334 — Le Repos de Diane, par Charpentier. Belle épreuve, marge.

1335 — Les Savoyardes, par Beauvarlet. Superbe épreuve, grande marge.

1336 — La Servante congédiée, par Baléchou. Très belle épreuve, toute marge.

1337 — Vénus et Adonis, par R. Gaillard. Très belle épreuve, marge.

1338 — Vertumne, amoureux de Pomone, se travestit en vieille pour s'en faire aimer, gravé par Edme Jeaurat. Très belle épreuve, marge.

1339 — La Vieillesse, par Lépicié. Très belle épreuve avec une grande marge.

JEAURAT (Edme)

1340 — Enlèvement d'Europe, d'après Paul Véronèse. Belle épreuve, marge.

1341 — Jupiter amoureux de la nymphe Egine se transforme en feu et l'enlève, d'après S. Le Clerc. Belle épreuve.

1342 — Thétis plongeant Achille dans le Styx, d'après Vleughels, — Enlèvement d'Europe, d'après S. Le Clerc. Deux pièces. Belles épreuves.

1343 — *Vleughels* (N.), d'après Ant. Pesne, in-fol. Très belle épreuve.

JOLLAIN (excudit)

1344 — Vue de la ville de Caen, in-fol. en largeur. Très belle épreuve.

JOULLAIN

1345 — *Desportes* (François), d'après lui-même, in-fol. Très rare épreuve à l'état d'eau-forte, avant toute lettre.

1346 — Le même portrait. Très belle épreuve.

JOUVENET (d'après)

1347 — La Vengeance de Latone, par J. Daullé. Très belle épreuve, marge.

KAUFFMANN (Angelica)

1348 — Junon vue à mi-corps, le bras droit appuyé sur un autel, à sa gauche un paon, in-4. Très belle épreuve.

KILIAN (L.)

1349 — Albert *Durer*, représenté dans deux différents costumes de chaque côté d'un portique, in-fol. Très belle épreuve.

KININGER (L.-V.)

1350 — *Quadal* (M. F.), d'après lui-même, in-fol. en manière noire. Très belle épreuve, marge.

KOBELL

1351 — La Ferme. Deux épreuves, dont une à l'état d'eau-forte.

KRAUS

1352 — La France pose sur la tête de M. Necker une couronne de roses, in-fol. en manière noire. Belle épreuve.

LADAME (G.)

1353 — *Brisville* (Hugues), maistre serrurier, in fol. Très belle épreuve.

LA FLEUR (N.-G.)

1354 — *Lafleur* (Nicolas-Guillaume), lorrain, in-4. Très belle épreuve.

LAFONTAINE (J. DE)

ILLUSTRATIONS POUR SES CONTES

1355 — **Boucher** (d'après F.), le Calendrier des Vieillards, par de Larmessin. Superbe épreuve avant l'adresse de Buldet, grande marge.

1356 — La Courtisane amoureuse, par de Larmessin. Superbe épreuve avant l'adresse de Buldet, grande marge.

1357 — Le Fleuve Scamandre, par de Larmessin. Très belle épreuve.

1358 — Le Magnifique, par de Larmessin. Très belle épreuve, marge.

1359 — **Coypel** (d'après Ch.), la Matrone d'Ephèse, par L. Desplaces. Très belle épreuve, marge.

1360 — **Eisen** (d'après Ch.), le Cas de conscience, par Tardieu. Superbe épreuve, grande marge.

1361 — La Gageure des trois commères, par Tardieu. Belle épreuve.

1362 — Le Gascon puni, par Tardieu. Très belle épreuve.

LAFONTAINE (J. DE)

1363 — **Eisen** (d'après Ch.). Promettre est un, et tenir c'est un autre par, L. Legrand. Très belle épreuve, marge.

1364 — **Lancret** (d'après N.), A femme avare, galant escroc, par N. de Larmessin (E. B. 2). Très rare épreuve du premier état, avec le nom de Schmidt comme graveur.

1365 — A femme avare, galant escroc, par de Larmessin (2). Superbe épreuve avant l'adresse de Buldet, grande marge.

1366 — Les deux amis, par de Larmessin (25). Superbe épreuve avant l'adresse de Buldet, marge.

1367 — Le Faucon, par de Larmessin (32). Superbe épreuve avant l'adresse de Buldet, grande marge.

1368 — Le Gascon puni, par de Larmessin (35). Superbe épreuve avant l'adresse de Buldet, grande marge.

1369 — Nicaise, par de Larmessin. Très rare et belle épreuve d'un état intermédiaire entre le premier et le second, le nom de Schmidt remplacé par celui de Larmessin, mais avant la planche retouchée.

1370 — La même estampe, superbe épreuve avant l'adresse de Buldet, grande marge.

1371 — On ne s'avise jamais de tout, par de Larmessin (55). Superbe épreuve avant l'adresse de Buldet, grande marge.

1372 — Les Oyes de frère Philippe, par de Larmessin (56). Superbe épreuve avant l'adresse de Buldet, marge.

1373 — Pâté d'anguille, par de Larmessin (59). Très belle épreuve avant l'adresse de Buldet.

1374 — Le Petit chien qui secoue de l'argent et des pierreries, par de Larmessin (60). Superbe épreuve avant l'adresse de Buldet, grande marge.

1375 — Les Rémois, par de Larmessin (69). Superbe épreuve avant l'adresse de Buldet, grand emarge.

1376 — La Servante justifiée, par de Larmessin (73). Superbe épreuve avant l'adresse de Buldet, grande marge.

LAFONTAINE (J. DE)

1377 — **Lancret** (d'après N.). Les Troqueurs, par de Larmessin (83). Très belle épreuve avant l'adresse de Buldet.

1378 — La même estampe, superbe épreuve du même état, marge.

1379 — **Laurin** (d'après). L'Anneau de Hans Carvel, par Aveline. Superbe épreuve avant l'adresse de Buldet, grande marge.

1380 — La chose impossible, par D. Sornique. Superbe épreuve avant l'adresse de Buldet, grande marge.

1381 — **Le Clerc** (d'après). Le Faiseur d'oreilles et le raccommodeur de moules, par de Larmessin. Très belle épreuve avant l'adresse de Buldet.

1382 — Le Rossignol, par de Larmessin. Superbe épreuve avant l'adresse de Buldet, grande marge.

1383 — **Le Mesle** (d'après). La Clochette, par Fillœul. Très belle épreuve, marge.

1384 — Le Cuvier, par Fillœul. Très belle épreuve avant l'adresse du graveur.

1385 — La même estampe. Très belle épreuve.

1386 — **Pater** (d'après J.-B.). Les Aveux indiscrets, par Fillœul. Superbe épreuve avec l'adresse du graveur, mais avant le nom; grande marge.

1387 — Le Baiser donné, — le Baiser rendu. Deux pièces gravées par Fillœul. Superbes épreuves, toutes marges.

1388 — Le Cocu battu et content, par Fillœul. Superbe épreuve, grande marge.

1389 — La Courtisane amoureuse, par Fillœul. Très belle épreuve.

1390 — Le Glouton, par Fillœul. Superbe épreuve avec l'adresse du graveur, marge.

1391 — La même composition gravée par D. R. Très belle épreuve.

LAFONTAINE (J. DE)

1392 — **Pater** d'après J.-B.). La Matrone d'Éphèse, par Fillœul. Très belle épreuve.

1393 — Le Savetier, par Fillœul. Belle épreuve avec l'adresse du graveur et la date de 1736.

1394 — La même estampe. Très belle épreuve.

1395 — La même composition, gravée en contre-partie et publiée chez Dupré, rue Saint-Denis.

1396 — **Vleughels** (d'après). Le Bast, par de Larmessin. Superbe épreuve avant l'adresse de Buldet, marge.

1397 — Frère Luce, par de Larmessin. Superbe épreuve avant l'adresse de Buldet, marge.

1398 — La Jument du compère Pierre, par de Larmessin. Superbe épreuve avant l'adresse de Buldet, marge.

1399 — Le Villageois qui cherche son veau, par de Larmessin. Très belle épreuve avant l'adresse de Buldet, marge.

1400 — La même estampe. Très belle épreuve du même état.

LA HYRE (L. DE)

1401 — Paysages (R. D., 29, 30, 31 et 32). Quatre pièces. Très belles épreuves.

LALIVE DE JULY

1402 — *Lalive de Bellegarde*, d'après Rigaud, in-fol. Très belle épreuve.

LALLIE (d'après ET.)

1403 — Le Messager fidèle, par Halbou. Belle épreuve.

LAMBERT (d'après F.)

1404 — Le Larcin toléré, par J.-C. Le Vasseur. Très belle épreuve, marge.

LANCRET (d'après N.)

1405 — Les Quatre âges de la vie. Suite de quatre pièces en largeur gravées par de Larmessin (E. B., 1, 28, 45 et 86). Superbes épreuves avec de très grandes marges. La Vieillesse, la seule pièce de la suite où [il y ait des différences, est du premier état, avec l'adresse de Larmessin,

1406 — Les Quatre heures du jour. Suite de quatre pièces en largeur, gravées par de Larmessin (10, 49, 50, 74). Très belles épreuves du 1er état, avant l'adresse de Crépy. Trois ont de grandes marges.

1407 — Les Agréments de la campagne, par Joullain. (E. B., 3). Très belle épreuve avec une grande marge.

1408 — Les Eléments. Suite de quatre pièces en hauteur, gravées par C. N. Cochin, N. Tardieu, L. Desplaces et B. Audran (4, 27, 34 et 75). Superbes épreuves avec de grandes marges.

1409 — L'Amant indiscret, par Dupin (7). Très belle épreuve avec une grande marge.

1410 — Les Amours du bocage, par N. de Larmessin (8). Superbe épreuve avec marge.

1411 — L'Amusement du petit maître, par de F. (9). Très belle épreuve, avec marge.

1412 — Les Saisons. Suite de quatre pièces en largeur, gravées par de Larmessin (12, 30, 39, 63). Superbes épreuves du premier état avant l'adresse de Crépy, toutes marges.

1413 — Les Saisons. Suite de quatre pièces, gravées par B. Audran, G. Scotin, N. Tardieu et Ph. Le Bas (13, 31, 40 et 64). Très belles épreuves, avec marges ; l'épreuve de l'automne est avec remarque dans le mot Automne, écrit Autonne.

1414 — La Belle complaisante, par de F. (14). Très belle épreuve d'une pièce rare.

LANCRET (d'après N.)

1415 — La Belle Grecque, — Le Turc amoureux. Deux pièces faisant pendants, gravées par Schmidt (15 et 84). Très belles épreuves du premier état,

1416 — Le Berger indécis, par J. Tardieu (16). Très belle épreuve, avec marge.

1417 — Mademoiselle Camargo, par L. Cars (17). Superbe épreuve avec l'adresse de l'auteur et celle de la veuve Chereau, adresses qui plus tard furent remplacées par celle de Surugue; marge.

1418 — Les Charmes de la conversation, par Petit (18). Superbe épreuve, grande marge.

1419 — Le Concert pastoral, par F. Joullain (19). Supérbe épreuve avec une grande marge.

1420 — Conversation galante, par Ph. Le Bas (20). Très belle épreuve.

1421 — La Coquette de village, par de Larmessin (21). Très belle épreuve avant l'adresse de Buldet, grande marge.

1422 — *Dans cette aimable solitude...,* — *Par une tendre chansonnette.* Deux pièces faisant pendants gravées par C. N. Cochin (24, 58). Très belles épreuves, une est avec les vers.

1423 — Les deux mêmes compositions gravées en contre-partie et publiées chez Crépy. Très belles épreuves.

1424 — *D'un baiser que Tirsis caché dans ces beaux lieux,* par Suz. Silvestre (29). Très belle épreuve, avec marge.

1425 — La Femme Commode, par Dupin (33). Belle épreuve. Rare.

1426 — Les Gentilles baigneuses, par Moitte (36). Très belle épreuve d'un premier état non décrit, avec l'adresse du graveur et avant le numéro au bas de la droite. Rare.

1427 — La même estampe. Superbe épreuve avec une très grande marge. Rare.

LANCRET (d'après N.)

1428 — Le Glorieux, par N. Dupuis (37). Très belle épreuve du deuxième état, avant que les lettres N. D. au-dessous des vers aient été effacés, marge.

1429 — Grandval, par Ph. Le Bas (38). Très belle épreuve.

1430 — Le Jeu des quatre coins, — le Jeu de cache-cache mitoulas. Deux pièces faisant pendants, gravées par de Larmessin (41 et 44). Très belles épreuves avec l'adresse de Gaillard; grandes marges.

1431 — Le Jeu de Colin-Maillard, par C. N. Cochin (42). Très rare épreuve du premier état avec l'adresse de Cochin et le privilège du roi, qui plus tard a été remplacée par celle de Le Bas; marge.

1432 — Le Jeu de pied de bœuf, par de Larmessin (43). Superbe épreuve, avec marge.

1433 — La Joye du théâtre, par Crépy (46). Très belle épreuve du premier état avec l'adresse de Crépy, rue Saint-Jacques, près Saint-Yves, marge.

1434 — *Lise s'en va changer d'humeur et de visage, — Quand vous voulez toucher quelque cœur amoureux, — Près de vous belle Iris, — Quoi n'avoir pour vous trois qu'une bouteille.* Suite de quatre pièces gravées par M. Hortemels (47, 63, 65, 67). Très belles épreuves.

1435 — Le Maître galant, par J.-P. Le Bas (48). Très belle épreuve avant l'adresse de Petit à la suite de celle de Le Bas, marge.

1436 — Le Moulin de Quinquengrogne, par Elisab. Cousinet (51). Superbe épreuve, toute marge.

1437 — La Musique champêtre, par Fessard (52). Très belle épreuve du deuxième état, avec l'adresse de Crépy.

1438 — L'Occasion fortunée, par G. Scotin (54). Très belle épreuve d'un état non décrit, avec un seul c à occasion.

1439 — La partie de plaisirs, par P.-E. Moitte (57). Belle épreuve.

LANCRET (d'après N.)

1440 — Le Philosophe marié, par C. Dupuis (61). Très belle épreuve du premier état, avec le mot cocur au dernier vers.

1441 — *Que le cœur d'un amant est sujet à changer*, par Suz. Silvestre (66). Très belle épreuve, avec marge.

1442 — Récréation champêtre, par Joullain (68). Très belle épreuve, marge.

1443 — Repas italien, par J.-P. Le Bas (70). Superbe épreuve d'un premier état non décrit, avant les mots : *M. Moraine* au-dessous des vers à droite, marge.

1444 — Mademoiselle Sallé, par N. de Larmessin (71). Très belle épreuve.

1445 — Second livre des pièces de clavecin, par C.-N. Cochin (72). Très belle épreuve. Rare.

1446 — Le Théâtre-Italien, par Schmidt (79). Très belle épreuve.

1447 — M. Thomassin et Mlle Silvia, par Cars (80). Très belle épreuve. Rare.

1448 — Troisième livre de pièces de clavecin, par Thomassin (81). Très belle épreuve. Rare.

1449 — La même pièce, le titre est effacé et remplacé par le titre d'une comédie de Favart : Annette et Lubin. Très belle épreuve.

1450 — *Trop indolent Tircis, laisse la symphonie*, par Suz. Silvestre (82). Belle épreuve.

1451 — *Veux-tu d'une inhumaine emporter la tendresse*, par Suz. Silvestre (85). Très belle épreuve, avec marge.

1452 — La même estampe. Très belle épreuve, marge.

1453 — La Belle femme de chambre, composition de trois figures. Très belle épreuve d'une pièce non décrite, marge.

LANCRET (d'après N.)

1454 — La Balançoire. Très jolie composition en hauteur, animée d'un grand nombre de figures. Superbe épreuve avant toute lettre, d'une pièce non décrite.

1455 — L'Oiseleur, — le Bouquet. Deux pièces faisant pendants, sans nom de graveur. Belles épreuves.

LANDRY (P.)

1456 — *Brulart* (Nicolas), d'après Dieu, in-fol. Belle épreuve.

LANDRY, LOIR et LOMBARD

1457 — *Bourgneuf* (H. de), — *Andrieu* (P. d'), — *Desmarets* (J.), seigneur de Saint-Sorlin. Trois portraits in-8. Belles épreuves.

LANGLOIS

1458 — *Joly* (Marie-Elizabeth), du Théâtre-Français, in-4. Très belle épreuve.

LARMESSIN (N. de)

1459 — *Marie,* princesse de Pologne, reine de France, in-fol. Très belle épreuve.

1460 — *Marie,* princesse de Pologne, reine de France, in-fol. en pied, d'après Vanloo. Très belle épreuve.

1461 — *Opalinska* (Catherine), reine de Pologne, in-fol. en pied, d'après Vanloo. Très belle épreuve, marge.

LASNE (Michel)

1462 — *Anne d'Autriche* en costume de veuve, d'après Champagne, in-fol. Très belle épreuve.

1463 — *Richelieu* (le cardinal de), in-fol. Belle épreuve.

LASNE ET DAVID

1464 — *Richelieu et Mazarin*, représentés en pied. Deux portraits in-fol. Belles épreuves.

LASNE, MELLAN ET MORIN

1465 — *Henri II*, — *François Ier*, — Philippe II, — le chancelier Séguier, — J. de Longueil, marquis de *Maisons*, — N. de *Neufville*. Sept portraits in-8 et in-fol. Belles épreuves.

LAUTENSACK (Hans Sebald)

1466 — Jérôme Schurtab (B., 7). Belle épreuve.

1467 — Portrait d'homme à mi-corps (B., 9). Très belle épreuve.

LAVREINCE (d'après N.)

1468 — L'accident imprévu; — la Sentinelle en défaut. Deux pièces faisant pendants, gravées en couleur par Darcis (E. B. 1 et 58). Très belles épreuves, marges.

1469 — Les mêmes estampes. Très belles épreuves en noir.

1470 — Les Apprêts du ballet, par Tresca (E. B., 4). Très belle épreuve, sans marge.

1471 — L'Assemblée au concert, — l'Assemblée au salon. Deux pièces faisant pendants, gravées par F. Dequevauviller (5 et 6). Très belles épreuves.

1472 — Les Saisons. Suite de quatre pièces gravées en couleur par Vidal (7, 24, 29 et 49). Très belles épreuves.

1473 — L'Aveu difficile, gravé en couleur par Janinet (8). Très belle épreuve.

1474 — La Balançoire mystérieuse, — les Nymphes scrupuleuses. Deux pièces faisant pendants, gravées par Vidal (9 et 42). Très belles épreuves.

1475 — Le Billet doux, par de Launay (10). Très belle épreuve.

LAVREINCE (d'après N.)

1476 — La Comparaison, gravé en couleur par Janinet (12). Très belle épreuve.

1477 — Le Concert agréable, par C.-N. Varin (13). Très belle épreuve, marge.

1478 — La Consolation de l'absence, par N. de Launay (14). Superbe et rare épreuve avec la tablette blanche et avant la dédicace.

1479 — Le Contre-temps, par F. Dequévauviller (15). Très belle épreuve avec la première adresse, celle du graveur; marge.

1480 — Le lever des ouvrières en modes, par Dequévauviller (16). Très belle épreuve avec la première adresse, celle du graveur.

1481 — Le Déjeuner anglais, par Vidal (17). Très belle épreuve.

1482 — Le Directeur des toilettes, par Voyez l'aîné (21). Très belle épreuve.

1483 — École de Danse, par F. Dequévauviller (22). Très belle épreuve.

1484 — L'heureux moment, par N. de Launay (28). Belle épreuve.

1485 — L'Indiscrétion, gravé en couleur par Janinet (38). Très belle épreuve.

1486 — L'Innocence en danger, par Caquet (31). Très belle épreuve.

1487 — La Leçon interrompue, par Vidal (35). Très belle épreuve.

1488 — Le Coucher des ouvrières en modes, par F. Dequévauviller (36). Très belle et rare épreuve avant la dédicace.

1489 — La Marchande à la toilette, par Vidal (37). Très belle épreuve.

LAVREINCE (d'après N.)

1490 — Le Mercure de France, par Guttenberg (38). Superbe épreuve avec la première adresse, celle de Vidal, grande marge.

1491 — Mrs Merteuil and Miss Cecille Volange, — Valmont and Présid^e de Tourvel. Deux pièces tirées des *Liaisons dangereuses*, gravées par R. Girard (39 et 63). Très belles épreuves avec de grandes marges.

1492 — Les Offres séduisantes, par J.-L. Delignon (43). Très rare épreuve avec la lettre, mais avec la faute au mot séduisantes, écrit : séduisentes.

1493 — La Partie de musique, par V. Langlois (46). Belle épreuve, sans marge.

1494 — Qu'en dit l'abbé, par N. de Launay (51). Très belle épreuve.

1495 — La même estampe. Très belle épreuve sans marge.

1496 — Le Repentir tardif, par Le Villain (52). Très belle et rare épreuve avant toute lettre, seulement les noms des artistes tracés à la pointe.

1497 — Le Retaurant, par Deni (53). Très belle épreuve.

1498 — Le Retour trop précipité, par J.-A. Pierron (54). Très belle épreuve.

1499 — Le Roman dangereux, par Helman (56). Superbe épreuve.

1500 — Les Sabots, par J. Couché (57). Très belle épreuve.

1501 — La Soubrette confidente, par Vidal (61). Très belle épreuve.

1502 — Valmont and présidente de Tourvel (63). Superbe et très rare épreuve d'un premier état non décrit, avant toute lettre et avant la bordure.

LAVREINCE ET BOREL (d'après)

1503 — S'Il m'aime, il viendra, — Elle ne s'était pas trompée. Deux pièces faisant pendants, gravées en couleur par D. V. Très belles épreuves. Rares.

LE BARBIER L'AÎNÉ (d'après)

1504 — Départ du milicien, — Retour du milicien. Deux pièces faisant pendants, gravées par Cl. Duflos. Très belles épreuves, toutes marges.

1505 — Le Mari dupe et content, — La Prudence en défaut. Deux pièces faisant pendants, gravées par Patas. Très belles épreuves, grandes marges.

1506 — Canadiens au tombeau de leur père, par Ingouf. Belle épreuve avant la lettre.

LE BAS (J.-Ph.)

1507 — Etangs, avec canards. Deux pièces faisant pendants, d'après D. Teniers. Très belles épreuves, grandes marges.

1508 — Pierrot et sa progéniture. Belle épreuve, marge.

1509 — *Cazes* (Pierre-Jacques), d'après Aved, in-fol. Très belle épreuve, marge.

LE BAS ET J.-N. TARDIEU

1510 — *Le Lorrain* (Robert), sculpteur. Deux portraits différents, d'après Drouais et Nonnotte, in-fol. Très belles épreuves.

LE BEAU

1511 — La Sollicitation amoureuse. Très belle épreuve, grande marge.

1512 — *Elisabeth-Philippe, Marie-Hélène* de France, d'après Fontaine, in-8. Très belle épreuve avant le numéro, marge.

LE BEAU

1513 — *Desbrosses* (Mlle), de la Comédie Italienne, in-8. Belle épreuve avant le numéro.

1514 — *Du Barry* (la comtesse), d'après Marillier, in-8. Très belle épreuve, avec marge.

1515 — *Du Gazon* (Mme), — *Dutey* (Mlle), d'après L'aîné. Deux portraits, in-8. Très belles épreuves.

1516 — *Lescot* (Mlle), de la Comédie Italienne, in-8. Très belle épreuve avant le numéro et l'adresse d'Esnaut et Rapilly, marge.

1517 — *Marie-Antoinette*, reine de France, in-8. Très belle épreuve avant le numéro.

1518 — Marie-Jeanne-Louise de Savoie, Madame, in-4. Belle épreuve, marge.

LE BEAU et HUBERT

1519 — *Miromenil* (Ar.-Th. Hue, marquis de), — *Nivernois* (L.-J. Barbon, Mazarini-Mancini, duc de), *Biron* (L.-A. de Gontaut, duc de). Trois portraits, in-4. Très belles épreuves.

LEBEL (d'après)

1520 — La Fidélité en défaut, par Hemery. Très belle épreuve, marge.

LE BOUTEUX (d'après)

1521 — Le Berger curieux, par de Poilly. Très belle épreuve, marge.

1522 — *Marie-Antoinette*, reine de France, par Née et Masquelier. Frontispice du tome II des *Chansons* de Laborde, in-8. Belle épreuve.

LEBRUN (d'après Mme L.-E. Vigée)

1523 — Vénus liant les ailes de l'Amour, par C.-G. Schultze. Très belle épreuve avant la lettre.

LE BRUN (d'après)

1524 — Le Maître de musique, par J. Coquerel. Très belle épreuve.

LE CHARPENTIER

1525 — *Chevert* (François de), lieutenant-général des armées du roi, d'après Hischbein, in-fol. Très belle épreuve.

1526 — Le même personnage, in-8, avant toutes lettres.

LE CLERC (Sébastien)

1527 — L'Académie des Sciences et des Beaux-Arts (J. 263). Très belle épreuve avant les lettres C. R. à la suite du nom de Le Clerc.

1528 — L'Entrée d'Alexandre dans Babylone (J. 285). Très belle épreuve avant que la tête d'Alexandre ait été mise de face.

LE CLERC (d'après F.)

1529 — L'Abbé en conquête, — L'Hermite en queste. Deux pièces faisant pendants, publiées chez Bonnart. Très belles épreuves, grandes marges.

1530 — Le Jeu de l'escarpolette, par Deny, — Le Dessein, par E. Jeaurat. Deux pièces. Belles épreuves.

LE CLERC

1531 — La Statue equestre de Henry le Grand sur son piédestal, in-fol. Belle épreuve.

LEGOUX

1532 — *Théodore Dauberval*, d'après Lefebvre, in-8. Belle épreuve.

LE MIRE (N.)

1533 — Gaussin (Mlle), actrice, d'après Cochin, in-8. Belle épreuve.

LE MIRE (N.) ET INGOUF

1534 — *Marivaux* (P.-C. de), — *Poulain de Saint-Foix.* Deux portraits in-8, d'après Pougin de Saint-Aubin. Très belles épreuves, grandes marges.

LEMOINE (d'après)

1535 — Hercule et Omphale, — Persée et Andromède. Deux pièces faisant pendants, gravées par L. Cars. Superbes épreuves avant toute lettre.

LEMPEREUR (L.)

1536 — *Le Comte* (Marguerite), d'après Watelet, in-4. Très belle épreuve, marge.

LENFANT (d'après P.)

1537 — Le Testament de la Tulipe, — Les Adieux de Catin. Deux pièces faisants pendants, gravées par Beauvarlet. Superbes épreuves, grandes marges.

LE NOIR (A Paris, chez)

1538 — Expérience aérostatique faite à Versailles, le 19 septembre 1783....., par MM. de Montgolfier, in-fol. en largeur. Très belle épreuve, marge.

LE NOIR (d'après)

1539 — Vue du Vauxhal de la foire Saint-Germain, publié à Paris, chez Le Rouge, 1772. Très belle épreuve. Rare.

LEPAUTRE (J.)

1540 — Lepautre (J.), d'après lui-même, in-fol en largeur. Très belle épreuve avant la lettre.

1541 — Le Véritable portrait de Notre-Dame dicte de la Paix, colloquée dans le mur des révérends pères Capucins, rue Saint-Honoré...

LE PEINTRE (d'après Ch.)

1542 — La Cage symbolique, par Fessard. Belle épreuve.

LEPÈRE ET AVAULEZ (Chez)

1543 — Les Médecins botanistes et minéralogistes écrasés par le médecin à la mode. Très belle épreuve avant l'adresse, marge.

LÉPICIÉ (B.)

1544 — *Bertin* (Nicolas), d'après Delien, in-fol. Très belle épreuve.

1545 — *Boullongne* (Louis de), d'après H. Rigaud, in-fol. Très belle épreuve.

1546 — *Capperonnier* (l'abbé), d'après Aved, in-fol. Très belle épreuve.

1547 — *Desmares* (Charlotte), — *Dufresne* (Catherine de Seine, Mme). Deux portraits in-fol. Très belles épreuves.

1548 — *Orry* (Messire Philbert), d'après Rigaud, in-fol. Belle épreuve.

1549 — *Richer de Roddes*, d'après La Tour, in-fol. Très belle épreuvé, marge.

LE POUTER (excudit)

1550 — *Louis le Grand*, roi de France, in-fol. équestre. Très belle épreuve.

LE PRINCE (J.-B.)

1551 — Les Voyageurs, — La Barraque russe, — Le Pont russe, — La Lampe polonaise, — La Conversation russe, — La Vertu au cabaret, — Les Soldats, etc. Dix pièces. Belles épreuves.

LE PRINCE (d'après J.-B.)

1552 — La Crainte, par N. le Mire. Superbe épreuve avant la dédicace, marge.

LEPRINCE (d'après J.-B.)

1553 — Le Marchand de lunettes. — Le Médecin clairvoyant. Deux pièces faisant pendants, gravées par Helman. Belles épreuves.

1554 — Les Modèles, par de Longueil. Rare épreuve à l'état d'eau-forte.

1555 — La même estampe. Belle épreuve avant toute lettre.

1556 — La même estampe. Très belle épreuve.

LE PRINCE ET LESPINASSE (d'après)

1557 — La Lampe polonaise, — l'Automne, par Rousseau, — Vue de Trianon, par Née. Trois pièces. Très belles épreuves avant la lettre.

LE PRINCE ET LOUTHERBOURG (d'après)

1558 — La Promesse approuvée, par Hemery, — Le Repos du berger, par P. Laurent. Deux pièces. Très belles épreuves.

LEPRINCE, LOUTHERBOURG ET ROBERT (d'après)

1559 — Noce russe interrompue, — Minette, — La Cuisinière italienne. Trois pièces gravées par N. de Launay, Mesnil et J.-B. Chatelain. Belles épreuves.

LESPINASSE (d'après le chevalier DE)

1560 — Plan en perspective de l'École militaire, en 1777, gravé par Née et Masquelier. Très belle épreuve avant la lettre, marge.

1561 — Vues du château de Trianon. Deux pièces gravées par Née. Belles épreuves.

LEU (THOMAS DE.)

1562 — *Anjou* (François de France, duc d') (296), — *Guise* (Louis de Lorraine, cardinal de) (382). Deux portraits. Bonnes épreuves.

LEU (Thomas de)

1563 — *Arlensis de Scudalupis* (Pierre), astrologue (R. D., 301). Très belle épreuve.

1564 — *Beaugrand* (J. de), écrivain du roi (R. D., 313). Très belle épreuve.

1565 — *Boursier* (Louise Bourgeois, femme du S.), sage-femme de Marie de Médicis. (R. D., 324). Très belle épreuve.

1566 — *Conti* (Louise de Lorraine, princesse de) (R. D., 351). Très belle épreuve.

1567 — *Conti* (Louise de Lorraine, princesse de) (R. D., 352). Belle épreuve.

1568 — *Eléonore d'Autriche,* reine de France (R. D., 357). Belle épreuve.

1569 — *François II,* roi de France (R. D., 373). Bonne épreuve,

1570 — *France* (François de Valois, dauphin de) (371), — Henri II, roi de France (387). Deux portraits. Bonnes épreuves.

1571 — Henri IV, roi de France (R. D., 415). Très belle épreuve du premier état, avant le texte au verso,

1572 — *Lorraine* (Louise de) (R. D., 441). Très belle épreuve avant la retouche.

1573 — Louis XIII, à cheval ; dans le fond, une vue de Paris (R. D., 444). Belle épreuve.

1574 — *Nemours* (Henri de Savoie, duc de) (R. D., 466). Très belle épreuve.

1575 — *Nemours* (Jacques de Savoie, duc de) (R. D., 467). Belle épreuve.

1576 — *Servin* (Louis), avocat général au Parlement de Paris (R. D., 486). Très belle épreuve du premier état, avan les noms et qualités du personnage en haut, de chaque côté des armoiries.

LEU (Thomas de)

1577 — Le même portrait. Très belle épreuve.

1578 — *Soissons* (Charles de Bourbon, comte de) (R. D., 488). Très belle épreuve.

1579 — *Verneuil* (la marquise de), maîtresse d'Henri IV (501). Belle épreuve.

LEYBOLD (J.-F.)

1580 — La Malicieuse, d'après ***, in-fol. Très belle épreuve, marge.

LEYDE (Lucas de)

1581 — Marie-Madeleine se livrant aux plaisirs du monde (B., 122). Très belle épreuve.

LIEFRINCK

1582 — *Egmont* (l'amiral, comte d'), in-8. Belle épreuve.

1583 — *François II*, roi de France, — Isabelle-Renée de France, fille de Philippe II, roi d'Espagne. Deux portraits in-4, faisant pendants. Très belles épreuves.

1584 — *Isabelle de France*, fille de Philippe II, in-4. Belle épreuve.

1585 — Isabelle de France, fille de Henri II, en pied, in-fol. Très belle épreuve.

LIGNON et AUBERT

1586 — *Talma*. Deux portraits différents, d'après Picot et Hollier. Belles épreuves.

LINGÉE (C.-L.)

1587 — *Le Tourneur*, traducteur de Shakespeare, d'après Pujos, in-4. Très belle épreuve avant la lettre, grande marge.

1588 — Le même portrait. Très belle épreuve avant la lettre.

LIPS (J.)

1589 — *Lavater* (L.-C.). Buste dans un médaillon, sur un tombeau, figures allégoriques de chaque côté, in-fol. Très belle épreuve.

LITTRET (J.-E.)

1590 — *Favart* (Ch.-S.), d'après Liotard, in-8, — *Belloy* (P.-L. de). Deux portraits. Belles épreuves.

1591 — Louis, dauphin, dans un médaillon soutenu par la France affligée. 1766, — *Marie-Joseph de Saxe*, dauphine, 1767. Deux allégories, in-4. Très belles épreuves.

1592 — *Pompadour* (Mme la marquise de), d'après Schenau, in-4. Très belle épreuve, grande marge.

LIVENS (J.)

1593 — Mercure et Argus (B., 10). Très belle épreuve.

LOMBART (P.)

1594 — *Mancini* (Hortense), duchesse de Mazarin, d'après P. Lelly, in-8. Belle épreuve.

1595 — Cinq pièces de la suite des comtes et comtesses, d'après Van Dyck. Très belles épreuves.

LOMBART ET LENFANT

1596 — *Nevelet* (Vincent), — *Coislin* (l'abbé de), d'après Nanteuil. Deux portraits in-fol. Très belles épreuves.

LOUTHERBOURG (P.-J.)

1597 — Tranquilité champêtre, — La Bonne petite sœur. Deux pièces faisant pendants. Très belles épreuves.

LOUTHERBOURG (d'après P.-J. DE)

1598 — L'Amant curieux, — L'Agneau chéri. Deux pièces faisant pendants, gravées par J.-J. le Veau. Belles épreuves.

LOUTHERBOURG (d'après)

1599 — Repos de chasse de Madame la comtesse de ******, par Demonchy. Très belle épreuve, marge.

1600 — Les rigueurs de l'hiver. Belle épreuve avant toute lettre.

LOUTHERBOURG, LA HYRE ET VOUET

1601 — La Nativité, — Saintes Familles. Trois pièces. Très belles épreuves.

LOUYS (J.)

1602 — *Elisabeth de France*, épouse de Philippe IV, d'après Rubens. In-fol. Très belle épreuve.

1603 — La même princesse. In-4, d'après Rubens, publié chez Mariette. Très belle épreuve.

1604 — *Louis XIII*, roy de France, d'après Rubens, in-fol. Très belle épreuve avant le numéro.

1605 — *Anne d'Autriche*, reine de France, d'après Rubens, in-fol. Très belle épreuve avant le numéro.

1606 — *Philippe le Bon*, duc de Bourgogne, d'après P. Soutman. Très belle épreuve du premier état, avant le numéro.

1607 — *Philippe IV*, roi d'Espagne, d'après Rubens et Soutman. Très belle épreuve du premier état, avant le numéro.

LUTMA (Jean)

1608 — *Lutma* (J.) père, orfèvre, 1656, in-4. Très belle épreuve.

MACHY (d'après de)

1609 — Vue de la porte Saint-Bernard, prise au bas de la rive dudit quai, — Vue du port Saint-Paul, prise au bas du parapet dudit quai. Deux pièces gravées en couleur par Descourtis. Très belles épreuves, montées en dessin.

1610 — Monuments en ruines, gravé en couleur par Demachy fils. Très belle épreuve avant la lettre.

MAITRE AU DÉ

1611 — Apollon et Marsias, d'après Raphael (B., 31), — La victoire de Scipion sur Syphax (B., 73), premier état. Deux pièces. Belles épreuves.

MAITRE ANONYME ALLEMAND

QUINZIÈME SIÈCLE

1612 — La Sainte Vierge (B., t. X, page 16, n° 13). Belle épreuve.

MAITRE ANONYME

GRAVEUR EN CLAIR-OBSCUR

1613 — *Charles-Quint*, d'après le Titien (B., t. XII, P. 140, n° 1). Belle épreuve tirée d'une seule planche.

MAITRE AU MONOGRAMME M. W.

1614 — Vue intérieure de la cathédrale d'Ensilden. Pièce rare,, non décrite. Très belle épreuve.

MALLET (d'après)

1615 — Les Jeux de l'Amour, par Beljambe. Belle épreuve.

1616 — Les Promesses de l'Amour, par Beljambe. Belle épreuve.

MARIAGE (S.-F.)

1617 — *Greuze* (J.-B.), in-fol. Très belle épreuve.

MARIETTE (J.)

1618 — *Meleun* (Anne de), fille du prince d'Epinoy, in-8. Très belle épreuve, marge.

MARILLIER, CHOFFART, ETC.

1619 — Armoiries, *ex libris*, titres de livres, etc. Vingt et une pièces.

MARILLIER, DESRAIS, CHOFFART, ETC.

1620 — Fleuron des *Métamorphoses* d'Ovide. Vignettes pour *Lucrèce*, les *Confessions du comte de...* — Les œuvres de Dorat, etc. Quinze pièces dont plusieurs avant la lettre.

MARLET

1621 — Les galeries de bois au Palais-Royal vers 1835. Lithographie coloriée. Très rare.

MARTINET

1622 — Trophées. Quatre pièces. Belles épreuves.

MARTINET (A Paris, chez)

1623 — *Barilli* (Mme), cantatrice du théâtre de l'Impératrice-Josephine, in-4. Très belle épreuve avant la lettre, marge.

MARTINI

1624 — Coup d'œil exact de l'arrangement des peintures au Salon du Louvre, en 1785. Très belle épreuve.

MASSÉ (J.-B.)

1625 — *Coypel* (Antoine), premier peintre du roi, d'après lui-même, in-fol. Très belle épreuve, marge.

MASSON (ANT.)

1626 — Portrait de l'artiste (R. D., 1). Très belle épreuve.

1627 — *Bouillon* (Emmanuel-Théodose de la Tour d'Auvergne, duc d'Albret, cardinal de), d'après Mignard (R. D., 14). Belle épreuve du premier état.

1628 — Brisacier (Guillaume de), d'après Mignard (R. D., 15). Très belle et rare épreuve du deuxième état, avec les fautes aux mots Brisacier et Secrétaire.

1629 — *Chevreuse* (Ch. Hon. d'Albert, duc de) (R. D., 17). Belle épreuve.

MASSON (Ant.)

1630 — *Cureau de la Chambre* (Marin), d'après Mignard (24). Très belle épreuve du premier état, avant les contre-tailles sur la joue gauche.

1631 — *Dupuis* (Pierre), peintre de fleurs, d'après Mignard (25). Très belle épreuve.

1632 — *Guise* (Marie de Lorraine, duchesse de), princesse de Joinville, d'après Migaard (R. D., 32). Très belle épreuve avant le lapin et le mot *Roma*.

1633 — *Ormesson* (Olivier Le Fèvre d'), conseiller au parlement de Paris et maître des requêtes (58). Très belle épreuve du premier état.

1634 — *Péréfixe* (Hardouin de Beaumont de), archevêque de Paris, d'après Mignard (R. D., 61). Belle épreuve.

1634 *bis* — *Turgot de Saint-Clair* (Antoine), maître des requêtes (66). Superbe épreuve.

MATHAN (J.)

1635 — Mars et Vénus (B., 158), — Hercule et Dejanire (B., 159). Deux pièces d'après Goltzius. Très belles épreuves.

1636 — Les Parques filant la vie des hommes (B., 300), d'après Goltzius. Très belle épreuve.

MATHONIÈRE (N. de) excudit

1637 — *Anne* d'Autriche, reine de France, in-8. Belle épreuve.

MAUGEIN

1638 — Escalier des laveuses de Charenton, d'après Robert. Belle épreuve. marge.

MECKEN (Israel de)

1639 — Judith (B., 4). Belle épreuve, un peu rognée à gauche.

MELLAN (Claude)

1640 — La Sainte Face. Très belle épreuve

1641 — *Balzac* (J.-L. Guez de), — *Barclay* (J.), — *Marolles* (Michel de), — *Peiresc* (N. C. de). Quatre pièces. Belles épreuves.

1642 — Le cardinal *Alphonsus*, — Raphaël *Meniaicius*, — *Mazarin*, — Louis *Berrier*, — Henri, duc de *Montmorency*, — J. de Saint-Bonnet, de *Toiras*. Six portraits in-8 et in-4. Belles épreuves.

1643 — *Fouquet* (Nicolas). Très belle épreuve du premier état avant la lettre.

1644 — *Habert de Montmart* (L.), — Seguier (Pierre). Deux portraits in-fol. Très belles épreuves.

1645 — *Louis XIV* enfant, in-fol. Très belle épreuve.

1646 — *Maisons* (Henri de Longueil, marquis de), — *Marolles* (Claude de). Deux pièces. Très belles épreuves.

MERCIER (d'après Ph.)

1647 — Les Éléments. Suite de quatre pièces gravées par Houston. Très belles épreuves, marges.

1648 — Le Jeune Éveillé, — La Belle dormeuse. Deux pièces faisant pendants, gravées par J. J. Avril. Très belles épreuves, marges.

METZU, MIÉRIS, DUJARDIN ET HOBBEMA (d'après)

1649 — Sujets tirés de la vie hollandaise et paysages. Dix pièces par divers graveurs. Très belles épreuves avant la lettre.

1650 — Dix-sept pièces de la même école, d'après G. Dow, Bega, Ruisdael, Metzu, P. Potter, Moucheron, Breemberg, P. de Molyn, etc. Très belles épreuves avant la lettre ou à l'eau-forte.

MICHEL (J.-B.)

1651 — Le Diable-à-Quatre, scène d'opéra comique, d'après Chevallier. Belle épreuve.

1652 — *Bonneval* (J. J. G. de), comédien ordinaire du Roy, d'après Huquier, fils, in-fol. Belle épreuve.

1653 — *Botot-Dangeville* (Marie-Anne), d'après Pougin de Saint-Aubin, in-fol. Très belle épreuve, grande marge.

1654 — *Dubus de Préville* (Pierre-Louis), comédien français, in-fol. Très belle épreuve, marge.

1655 — Le même portrait. Très belle épreuve.

1656 — *Lekain* (Henri-Louis), d'après J. G. Huquier, fils, in-fol. Très belle épreuve, marge.

1657 — Le même personnage, gravé par Littret, in-4. Très belle épreuve, marge.

1658 — *Préville* (Angélique Drouin, Mme), d'après Colson, in-fol. Très belle épreuve.

MIGER (J.-C.)

1659 — *Charles*, aéronaute, in-4. Très belle épreuve.

1660 — *Hubert-Robert*, d'après Isabey, in-fol. Très belle épreuve avant la lettre, marge.

1661 — *La Trémoille* (Charlotte-Catherine de), d'après Le Monnier, in-4. Très belle épreuve, marge.

1662 — *Vanloo* (Louis-Michel), in-fol. Belle épreuve, marge.

1663 — *Vien* (Joseph), d'après Madame Guiard, in-fol. Belle épreuve.

MIGER ET SAINT-AUBIN

1664 — *Laurent* (Pierre), graveur, d'après Trinquesse, — Heineken (Ch. H. de), — *Valenciennes* (P. H. de). d'après Moreau. Trois portraits in-8. Belles épreuves.

MOITTE (d'après P.-E.)

1665 — Le Consommé, par Deny. Très bellé épreuvc.

1666 — L'Infidélité reconnue, par Dembrun. Très belle épreuve.

MONDHARE (A Paris, chez)

1667 — *Bertinazzi* (Carlin), in-4, en couleur. Très belle épreuvè.

1668 — Nicodème. Portrait de *Chauville*, acteur, d'après Voyez, in-fol. Très belle épreuve, marge.

MONNET (d'après)

1669 — Les Baigneuses surprises, — Salmacis et Hermaphrodite. Deux pièces faisant pendants, gravées par G. Vidal. Très belles épreuves.

1670 — Jupiter et Io, par Vidal. Très belle épreuve.

MONSALDY ET DEVISME

1671 — Vue des ouvrages de peinture des artistes vivants exposés au Muséum central des arts en l'an viii de la R. F. Très belle épreuve.

MONSIAU (d'après N.)

1672 — Erigone, par L. J. Cathelin. Belle épreuve.

1673 — Rousseau aux pieds de Madame d'Houtetot, par Choffard. Très belle épreuve avant la lettre, marge.

MONTCORNET (B.)

1674 — *Condé* (le prince de). — *Cromwell* (Olivier), — *Conti* (le prince de), — *Philippe*, fils de France. Quatre portraits in-4 équestres. Très belles épreuves.

MONTCORNET, ODIEUVRE, DESROCHERS
ET LARMESSIN

1675 — Marguerite de *Valois*. — F. Eu. *Mezeray*, — *Catherine* d'Autriche, — Marie-Anne d'Autriche, — Henriette de *Balsac*, — Duchesse du *Maine*, — Mme de *Maintenon*, Ninon de *Lenclos*, etc. Quatorze portraits in-8. Belles épreuves.

MOOR (CARLE DE)

1676 — *Mieris* (François). Très rare épreuve, lavée à l'encre de Chine par le graveur, pour lui donner plus d'effet.

MORACE (E.)

1677 — *Kauffmann* (Angelica), d'après Reynolds, in-fol. Très belle épreuve, marge.

MOREAU (ED.)

1678 — Le magnifique portail de l'église Notre-Dame de Reims. Belle épreuve.

MOREAU (L.)

1679 — *Mozart* (Guillaume), cordonnier au pont Notre-Dame, in 8, d'après Le Brun. Superbe épreuve avant le nom du peintre.

MOREAU (d'après L.)

1680 — L'escarpolette, par Germain. Rare épreuve à l'état d'eau-forte.

1681 — Le Villageois entreprenant, par Germain et Patas. Très belle épreuve.

1682 — Vue du château de Madrid et du pavillon de Bagatelle, près Paris, — Vue des environs de Paris. Deux pièces gravées par Elise Saugrain, sous la direction de Moreau. Très belles épreuves.

MOREAU (J.-M.)

1683 — La cathédrale d'Orléans, d'après Drouard (855). Très belle épreuve, marge.

MOREAU (d'après J.-M.)

1684 — *Fanier* (Alexandrine), de la Comédie française, par Mlle Saugrain (E. B. 4), in-fol. Très belle épreuve.

1685 — *Miromesnil* (Hue de), par N. Lemire, in-4, en travers. Superbe épreuve, toute marge.

1686 — Le Coup de vent, par Malbeste. Superbe épreuve avant la lettre, grande marge.

1687 — Départ de MM. Charles et Robert du Jardin des Tuileries, dans leur machine aérostatique, le 1er décembre 1783 (262). Très belle épreuve, marge.

1688 — Seconds voyageurs aériens, ou expérience de MM. Charles et Robert, faite à Paris dans le parterre du Jardin Royal des Tuileries le 1er décembre 1783, par Prevost (264). Très belle épreuve du deuxième état.

1689 — Exemple d'humanité donné par Madame la Dauphine, le 16 octobre 1773, gravé par Godefroy. Très belle épreuve.

1690 — Place de Louis XV, par J.-B. Tilliard (404). Belle épreuve.

1691 — Tullie fait passer son char sur le corps de son père, par Simonet. Belle épreuve.

1692 — Cérémonie religieuse égyptienne, — Procession en l'honneur de la déesse Isis. Deux pièces gravées par A. C. Giraud ; la première est à l'état d'eau-forte.

1693 — Les Précautions, par Martini. Très rare épreuve à l'état d'eau-forte.

1694 — C'est un fils Monsieur! — Les Adieux, — La Dame du Palais de la Reine. Trois pièces réductions in-8. Bonnes épreuves.

MOREAU (d'après J.-M.)

1695 — Les Petits parrains, par Baquoy et Patas. Très belle épreuve.

1696 — N'ayez pas peur, ma bonne amie, — Le Rendez-vous pour Marly. Réductions in-8, avant la lettre.

1697 — Le Lever, par Halbou. Très belle épreuve.

1698 — La Petite toilette, par P. A. Martini. Très belle épreuve, marge.

1699 — La Rencontre au bois de Boulogne, par Guttenberg. Très belle épreuve, marge.

1700 — Le Vrai bonheur, par Simonet. Belle épreuve.

1701 — Vignettes tirées des Annales de Marie-Thérèse, des Chansons de Laujon, Œuvres de Voltaire, en-tête de Pygmalion, etc. Vingt et une pièces. Belles épreuves.

1702 — Vignettes pour les Chansons de Laborde, les œuvres de Gresset, de Rousseau, etc. Sept pièces, dont quatre avant la lettre ou à l'état d'eau-forte.

1703 — Vignettes in-4, par divers graveurs pour les œuvres de Rousseau. Sept pièces. Très belles épreuves.

1704 — Vignettes in-8, pour le Jugement de Paris, — Les Apropos de société, — Les Chansons de La Borde, — Les Métamorphoses d'Ovide, etc. Onze pièces. Très belles épreuves.

1705 — Vignettes en-tête gravées par Baquoy et Simonet, pour le Musée français. Trois pièces. Très belles épreuves avant la lettre, marges.

1706 — Vignettes in-8 et in-18, pour les œuvres de Gresset, Rousseau et La Fontaine. Huit pièces.

MOREAU et LE BAS

1707 — L'Officier en promenade du midi, — L'Agréable société. Deux pièces, d'après Vernet. Belles épreuves.

MOREAU (J.-M.) ET LE BAS

1708 — Promenade du soir, d'après Vernet. Très belle épreuve, grande marge.

MOREAU ET FREUDEBERG (d'après)

1709 — *Raucourt* (Mademoiselle), de la Comédie française, par Lingée, in-fol. Très belle épreuve, marge.

MORIN (Jean)

1710 — *Anne-d'Autriche*, reine régente de France, d'après Champaigne (R. D., 41). Belle épreuve.

1711 — *Bentivoglio* (Guido), cardinal, d'après Van Dyck (43). Très belle épreuve.

1712 — *Chrystin* (N.), d'après Van Dyck (51). Très belle épreuve.

1713 — *Franck* (Jérôme), peintre (R. D., 52). Très belle épreuve.

1714 — *Gondy* (Jean-François-Paul de), coadjuteur de Paris, d'après Champaigne (54). Très belle épreuve, marge.

1715 — *Grimberghe* (Honorine), comtesse de Bossu (55). Très belle épreuve, marge.

1716 — *Jansenius* (Corneille), évêque d'Ypres (61). Belle épreuve du premier état.

1717 — *Louis XI*, roi de France (63). Très belle épreuve.

1718 — *Louis XIII*, roi de France, d'après Champaigne (64). Très belle épreuve.

1719 — *Mercier* (Jacques L.), architecte, d'après Champaigne (69). Très belle épreuve.

1720 — *Richelieu* (le cardinal de), d'après Champaigne (72). Très belle épreuve.

1721 — *Vitré* (Antoine), d'après Champaigne (88). Très belle épreuve avant les tailles croisées sur les cheveux.

MOYREAU (J.)

1722 — *Fleuriau* (Louis-Gaston), évêque d'Orléans en 1707, et Nicolas-Joseph de Paris, son neveu et successeur, représentés en regard l'un de l'autre, sur une même feuille in-4. Très belle épreuve.

MULLER (G.-A.)

1723 — *Schuppen* (J. Van), d'après lui-même, in-fol. Très belle épreuve,

MULLER (J.-G.)

1724 — *Galloche* (Louis), d'après Tocqué, in-fol. Belle épreuve

1725 — *Kraff*, d'après lui-même, in-fol. Superbe épreuve avant la lettre, grande marge.

1726 — Le Brun (Louise-Elisabeth Vigié Mme), d'après elle-même, in-fol. Très belle épreuve.

1727 — Le même portrait. Très belle épreuve.

1728 — *Leramberg* (Louis), d'après S.-A. Belle, in-fol. Très belle épreuve.

1729 — Wille (Jean-George), d'après Greuze, in-fol. Très belle épreuve avant toute lettre.

1730 — Le même portrait. Très belle épreuve, marge.

MURILLO (d'après)

1731 — L'Immaculée conception, in-fol. en manière noire. Belle épreuve, sans nom d'artiste.

NADAT, dit LE MAÎTRE A LA RATIÈRE

1732 — Les deux armées (B. 2). Belle épreuve.

NANTEUIL (ROBERT)

1733 — *Bouchu* (Pierre), abbé de la Ferté, puis de Clairvaux (47). Très belle épreuve du premier état.

NANTEUIL (Robert)

1734 — *Bouillon* (Frédéric-Maurice de La Tour d'Auvergne, duc de) (R. D. 49). Très belle épreuve, marge.

1735 — *Bouillon* (Godefroi-Maurice de La Tour d'Auvergne, duc de), grand chambellan de France (50). Très belle épreuve.

1736 — Bouthillier (Victor Le), archevêque de Tours, d'après Champaigne (54). Très belle épreuve, marge.

1737 — Le même personnage (R. D., 55). Très belle épreuve du premier état.

1738 — *Bragelogne* (Marie de), veuve de Claude Le Bouthillier (R. D., 57). Belle épreuve.

1739 — *Castelnau* (Jacques, marquis de), maréchal de France (58). Belle épreuve, grande marge.

1740 — *Charles de Lorraine*, cinquième du nom (R. D., 63). Belle épreuve.

1741 — *Christine*, reine de Suède, d'après S. Bourdon (67). Très belle épreuve avec marge, plus le même portrait gravé par Tanjé. Deux pièces.

1742 — *Coislin* (Pierre du Cambout, cardinal de) (69). Belle épreuve du premier état.

1743 — *Colbert* (Jean-Baptiste), contrôleur général des finances, d'après Champaigne (72). Très belle épreuve, marge.

1744 — *Dorieu* (Jean), président en la cour des Aides (R. D.; 84). Très belle épreuve.

1745 — Dunois (Jean-Louis-Charles d'Orléans Longueville, comte de), d'après Ferdinand (86). Très belle épreuve.

1746 — *Fouquet* (Nicolas), surintendant des finances (98). Très belle épreuve du premier état avec le mot Missire, pour Messire.

1747 — *Jeannin* (Pierre), surintendant des finances (112). Très belle épreuve.

NANTEUIL (Robert)

1748 — *Lallemant* (Pierre), prieur de Sainte-Geneviève (117). Belle épreuve du premier état.

1749 — La Meilleraye (Charles de la Porte, duc de), maréchal de France (118). Très belle épreuve, marge.

1750 — *Lamoiguon* (Guillaume de), premier président du Parlement de Paris (120). Très belle épreuve, marge.

1751 — *La Vrillière* (Louis-Phelypeaux de), secrétaire d'Etat (123). Belle épreuve.

1752 — *Le Masle* (Michel), prieur des Roches (R. D., 126). Très belle épreuve du premier état, marge.

1753 — *Le Pautre* (Antoine), architecte et ingénieur (127). Très belle épreuve du deuxième état, avant l'adresse de Jombert.

1754 — *Le Tellier* (Michel), ministre d'État, puis chancelier et garde des sceaux de France (130). Très belle épreuve.

1755 — Le même personnage (R. D., 131). Très belle épreuve.

1756 — Le même personnage (132). Belle épreuve.

1757 — Le même personnage (R. D., 134). Belle épreuve du deuxième état.

1758 — *Le Tellier* (Charles-Maurice), archevêque de Reims (139). Belle épreuve du troisième état.

1759 — Le même personnage(140). Belle épreuve du deuxième état.

1760 — *Le Vayer* (Francois de La Mothe), conseiller d'Etat (143). Belle épreuve.

1761 — *Ligny* (Dominique de), évêque de Meaux (R. D. 145). Belle épreuve.

1762 — *Loménie de Brienne* (Henri-Auguste de), secrétaire d'Etat. Très belle épreuve du premier état.

NANTEUIL (Robert)

1763 — *Longueville* (Henri d'Orléans, onzième du nom, duc de), d'après Champaigne (149). Belle épreuve.

1764 — *Loret* (Jean), poète (150). Très belle épreuve, marge.

1765 — *Lotin de Charny* (François), président au Parlement de Paris (151). Belle épreuve du troisième état, marge.

1766 — Louis XIV (R. D., 155). Superbe épreuve du premier état. Rare.

1767 — *Louise-Marie de Gonzague*, reine de Pologne, d'après Juste (164). Belle épreuve.

1768 — Marie-Jeanne-Baptiste de Savoie-Nemours, duchesse de Savoie, d'après Laurent du Sour (169). Superbe épreuve du premier état, avec marge.

1769 — *Mazarin* (Jules), cardinal, ministre d'Etat, d'après Van Mol (R. D., 175). Très belle épreuve du premier état.

1770 — Le même personnage (R. D., 182). Très belle épreuve.

1771 — Le même personnage (183). Superbe épreuve du premier état, très rare.

1772 — Le même personnage (184). Très belle épreuve du premier état.

1773 — Le même persoonage assis dans sa galerie (185). Belle épreuve.

1774 — *Mesmes* (Henri de), président à mortier au Parlement de Paris (191). Très belle épreuve du premier état.

1775 — *Neufville* (Ferdinand de), évêque de Chartres, d'après Champaigne (203). Très belle épreuve du deuxième état.

1776 — Le même personnage (R. D., 204). Très belle épreuve du deuxième état.

1777 — *Péréfixe de Beaumont* (Hardouin de), archevêque de Paris (R. D., 211). Belle épreuve.

NANTEUIL (Robert)

1778 — *Regnauldin* (Claude), procureur général au grand conseil (R. D., 216). Très belle épreuve du premier état.

1779 — *Retz* (Jean-François-Paul de Gondi, cardinal de)(247). — Très belle épreuve du premier état.

1780 — *Scudéri* (Georges de), membre de l'Académie française (221). Très belle épreuve du premier état.

1781 — *Seguier de Saint-Brisson* (Pierre), prévôt de Paris (R. D., 224). Très belle épreuve.

1782 — *Servien* (François), évêque de Bayeux (125). Belle épreuve du premier état.

1783 — *Talon* (Denis), président à mortier au Parlement de Paris (228). Très belle épreuve, marge.

NATOIRE (d'après Cʜ.)

1784 — L'Air, — Le Feu, — L'Eau. Trois pièces gravées par P. Aveline. Très belles épreuves.

NATOIRE ᴇᴛ COYPEL (d'après)

1785 — Le Triomphe d'Amphitrite, — Le Triomphe de Galathée. Deux pièces gravées par C. Duflos. Très belles épreuves.

NATTIER (d'après J.-M.)

1786 — La belle source (Madame de Chateauroux), par Meliny. Très belle épreuve, marge.

1787 — La Chasseuse aux cœurs (Mademoiselle de Beaujolais), par B. L. Henriquez. Très belle épreuve, marge.

1788 — La Force (Madame de Châteauroux), par Balechou. Très belle épreuve, marge.

1789 — La Justice, par Vidal. Superbe épreuve avant la lettre.

NATTIER (d'après J.-M.)

1790 — Madame de ** en Flore (Madame de Pompadour), par Voyez Le Jeune. Très belle épreuve, grande marge.

1791 — La Nuit passe, L'Aurore paraît (Madame de Mailly) par Maleuvre. Très belle épreuve, marge.

NÉE

1792 — Monument funéraire de Henri IV, d'après François Porbus. Très belle épreuve.

NÉE ET MASQUELIER

1793 — Les Vœux du peuple confirmés par la Religion, — Les Garants de la Félicité publique. Deux pièces faisant pendants, d'après Monnet et Saint-Quentin. Superbes épreuves, grandes msrges.

NELLI (N.)

1794 — *Anna d'Austriaca*, femme de Philippe II, roi d'Espagne, — *Isabelle*, fille de Philippe II. Deux portraits in-8. Belles épreuves.

1795 — *Charles IX*, roi de France, in-4. Belle épreuve.

ODIEUVRE

1796 — Anne de *La Vigne*, — Ninon de *Lenclos*, — Madame de *Montespan*, — J. *Parrocel*, — Mlle *Duclos*. Cinq portraits in-8. Belles épreuves avec l'adresse d'Odieuvre.

OKEY (S.)

1797 — La Tricoteuse, d'après Merrellio. Très belle épreuve.

OUDRY (J.-B.)

1798 — Frontispice. — Le Chevreuil forcé, — Le Renard vaincu (R. D., 1 à 3). Belles épreuves.

OUDRY (J.-B.)

1799 — Le Chevreuil forcé, — Le Loup aux abois. Deux contre-épreuves.

OUDRY (par et d'après)

1800 — L'arrivée des Comédiens au Mans, — Figures des Fables de La Fontaine. Trois pièces dont une avant la lettre.

OUDRY (d'après J.-B.)

1801 — Le Chienne braque avec toute sa famille, — Le Sérail du Doguin. Deux pièces gravées par J. Daullé. Très belles épreuves.

1802 — La Curée faite, — Le Cygne effrayé. Deux pièces faisant pendants, gravées par J. Ph. Le Bas. Très bellles épreuves.

1803 — La Mort du cerf, par N. C. Silvestre, — Phylax, par Mesnil. Deux pièces. Belle épreuves.

PARELLE (d'après M.-A.)

1804 — La Belle jambe, in-iol. en manière noire. Belle épreuve.

1805 — La Belle jambe, — A quelque chose malheur est bon. Deux pièces gravées par Gilbert et Françoise Danet. Très belles épreuves, marges.

PARROCEL (d'après)

1806 — Foire de Venise, par Le Bas. Très belle épreuve, marge.

PASSE (J. DE)

1807 — La Reine à cheval sous un dais, — La Reine assise près de son lit. Deux pièces in-8. Belle épreuve.

PASSE (Crispin de)

1808 — Loth et ses filles. Petite pièce de forme ronde. Très belle épreuve.

1809 — Festin en l'honneur de Cérès et [de Bacchus, d'après M. de Vos. Très belle épreuve.

1810 — Les Vertus opposées aux Vices. Suite de sept pièces. Très belles épreuves.

1811 — *Marguerite*, femme de Philippe III, — *Clèves* (la princesse de), — *Isabelle d'Autriche*, gouvernante des Pays-Bas, — *Anne*, reine d'Angleterre, — *Florence*, fille du duc de Lorraine. Cinq portraits in-8. Très belles épreuves.

PASSE (C. de) et LEPAUTRE

1812 — *Louis XIII*, frontispice de Pluvinel, — Louis XIV. Deux portraits in-4. Belles épreuves.

PATAS

1813 — *Colombe* (Mlle) l'aînée, in-fol. Très belle épreuve, marge.

PATER (d'après J.-B.)

1814 — L'Age d'or. Deux pièces, sujets d'enfants, faisant pendants, gravées par de Lalive de Jully. Superbes épreuves avec marges. Très rares.

1815 — Les Amants heureux, par Fillœul. Superbe épreuve, grande marge.

1816 — L'Amour et le Badinage, par Fillœul. Superbe épreuve, grande marge.

1817 — Le Bain, par Cl. Duflos. Superbe épreuve, très grande marge.

1818 — Le Bain, par? Rare épreuve avant toute lettre.

1819 — La Belle Bouquetière, — L'Agréable société. Deux pièces faisant pendants, gravées par Fillœul. Très belles épreuves, grandes marges.

PATER (d'après J.-B.)

1820 — Le Collin-Maillard, par Fillœul. Très belle épreuve, marge.

1821 — Le Concert amoureux, par Fillœul. Très belle épreuve, marge.

1822 — La Conversation intéressante, par Fillœul. Très belle épréuve avec l'adresse du graveur.

1823 — Le Dénicheur de moineaux, par Claude du Bosc. — Belle épreuve, marge.

1824 — Le Désir de plaire, — Les Plaisirs de l'été. Deux piè-ces faisant pendants, gravées par L. Surugue. Superbes épreuves avec l'adresse de Surugue. Très grandes marges.

1825 — L'Essai du bain, par Voyez. Très belle épreuve. marge.

1826 — La Feste italienne, par Cl. Duflos. Très belle épreuve, très grande marge.

1827 — Marche comique, par Ravenet. Très belle épreuve, marge.

1828 — L'Officier galant, par Le Bas. Très belle épreuve, toute marge.

1829 — La Pintresse, par Galimar. Très belle épréuve. Rare.

1830 — Vivandières de Brest, par Le Bas, Très belle épreuve, marge.

PENCZ ET BEHAM

1831 — Régulus renfermé par les Carthaginois, dans un ton-neau garni de clous (77), — Hercule terrassant le lion de la forêt de Némée (166). Deux pièces. Belles épreuves.

PERELLE

1832 — Vues de Paris. Seize pièces. Très belles épreuves, dont cinq avant la lettre.

PERRIER (F.)

1833 — *Vouet* (Simon). In-fol. Belle épreuve.

PESNE (J.)

1834 — *Poussin* (Nicolas), d'après lui-même (R. D., 5). Très belle épreuve du deuxième état, avant l'adresse de Le Blond.

1835 — *Poussin* (Nicolas), d'après lui-même (R. D., 6). Très belle épreuve du premier état, avant l'adresse d'Audran.

PETERS (d'après)

1836 — L'Amour maternelle, par Chevillet. Très belle épreuve.

1837 — La Devideuse, par Le Vasseur. Très belle épreuve avant toute lettre.

1838 — Les Enfants grondés, par Chevillet. Superbe épreuve avant la lettre, marge.

PETIT (G.-Edme)

1839 — Boissière (Marie-Gabr.-L. de La Fontaine Solare de la), d'après de la Tour. In-fol. Belle épreuve.

1840 — *Grignan* (Françoise-Marguerite de Sévigné, comtesse de), in 8. Belle épreuve.

1841 — *Potier, duc de Gesvres* (J. Fr. Bernard), d'après Vanloo, in-fol. en pied. Belle épreuve.

PETIT (A Paris, chez)

1842 — La Danse. Scène de comédie. Très belle épreuve. Rare.

PFEIFFER (C.)

1843 — Diana, countess *Langeron* et Albertina Marchionèss. *Balleroi*, représentées sur une même feuille, in-8, Très belle épreuve.

PICART (J.)

1844 — *Chasteigner* (Jean), seigneur de La Rochepozay, in-8.
Très belle épreuve,

1845 — *Schomberg* (Charles de). — *Toyras* (J. de Saint-Bonnet, seigneur de). Deux portraits in-fol. Bonnes épreuves.

PICART (B.)

1846 — Le Jeu du Pied de Bœuf. Très belle épreuve. ——

1847 — Frontispice des Œuvres de Fontenelle et de Boileau.
Deux pièces in-fol. Très belles épreuves.

1848 — *Piles* (Roger de), in-fol. Très belle épreuve avant la
lettre.

PICQUET

1849 — *Essertines* (François de Molière, S^r d'), d'après
Du Moustier, in-8. Très belle épreuve.

PIERRE (d'après J.-B.-M.)

1850 — Les Forges de Vulcain, — L'Enlèvement d'Europe, —
Vénus et l'Amour. Trois pièces gravées par Lempereur
et Levesque. Très belles épreuves, marges.

1851 — Les Jardinières italiennes au marché, — Marché aux
légumes. Deux pièces gravées par J. Ouvrier et Pelletier.
Très belles épreuves.

1852 — La Sculpture, par Marie-Madeleine Igonet. — La Savoyarde, par de Larmessin. Deux pièces. Très belles
épreuves.

PITAU (Nicolas)

1853 — *Marie-Thérèse d'Autriche*, d'après Beaubrun, in-fol.
Très belle épreuve.

1854 — *Savoie* (Christine de France, duchesse de). in-fol.
Très belle épreuve.

POILLY (F. DE)

1855 — *Orléans* (Philippe de France, duc d'), d'après Nocret, in-fol. Très belle épreuve.

1856 — *Orléans* (Philippe de France, duc d'), d'après Nocret, in-fol. Très belle épreuve.

POILLY (J.-B. DE)

1857 — De *Troy* (François), d'après lui-même, in-fol. Très belle épreuve, marge,

POILLY (N. DE)

1858 — *Enghien* (Henri-Jules de Bourbon-Condé, duc d'), d'après Mignard, in-fol. Très belle et rare épreuve, les armoiries non terminées.

1859 — *Louis XIV*, jeune, d'après Mignard, in-fol. Superbe épreuve.

1860 — *Vincent* (Jacques), imprimeur-libraire, in-fol. Belle épreuve, marge.

POOL

1861 — *Overbeck* (Bonaventure Van), infol. Superbe épreuve avant toute lettre, marge.

PONTIUS (P.)

1862 — *Ferdinand*, archiduc d'Autriche, d'après Rubens, in-fol. équestre. Très belle épreuve.

1863 — *Isabelle-Claire-Eugénie*, gouvernante des Pays-Bas, en habit de religieuse, d'après Rubens. in-fol. Très belle épreuve.

1864 — *Raphael d'Urbin*, d'après lui-même, in-fol. Très belle épreuve.

1865 — *Segers* (Daniel), d'après J. Livens, in-fol. Très belle épreuve.

PORPORATI (Gh.-Ant.)

1866 — La Mort d'Abel. Belle épreuve avant toute lettre.

1867 — Le Coucher, — Susanne au bain. Deux pièces, d'après J. Vanloo et Santerre. Très belles épreuves.

1868 — *Porporati* (Mlle), d'après Mme Le Brun, in-4. Très belle épreuve avant la lettre, marge,

1869 — *Porporati* (Mlle), d'après lui-même, Très belle épreuve avant la lettre, marge.

1870 — Le même portrait. Très belle épreuve.

PORPORATI et WILLE

1871 — Le Bain de Léda, d'après le Corrège, — La Mort de Marc-Antoine, d'après P. Battoni. Deux pièces. Belles épreuves.

POULLEAU (G.)

1872 — Vue intérieure de la nouvelle église de Sainte-Geneviève. Belle épreuve.

POUSSIN (d'après S.)

1873 — Bal de Saint-Cloud, par Fessard. Superbe épreuve, avec marge.

PRUD'HON (d'après P.-P.)

1874 — Choisir l'objet, — En jouir, — L'enflammer; etc. Cinq pièce gravées par Besson et Copia.

1875 — Constitution française, par Copia. Bonne épreuve.

1876 — Préfecture de la Seine (En-tête). Gravé par Roger. Belle épreuve.

QUENEDEY

1877 — Portraits de femmes, etc. Sept pièces.

QUEVERDO

1878 — Vue du château de Ferney, à M. de Volta're, d'après Signy. Belle épreuve, avec marge.

QUEVERDO (d'après)

1879 — Les Baigneuses champêtres, par Dambrun. Très belle épreuve, marge.

1880 — Le Couché de la mariée, — Le Levé de la mariée. Deux pièces faisant pendants, gravées par Patas. Belles épreuves.

1881 — Le Dangereux modèle, par Patas. Très belle épreuve.

1882 — Départ pour le Sabat, pàr Maleuvre. Très belle épreuve, marge.

1883 — La Fille surprise, par Patas. Très belle épreuve.

1884 — Nouvelle du Bien-Aimé, par Romanet, — Le Sommeil interrompu, par Dambrun. Deux pièces faisant pendants. Très belles épreuves, grandes marges.

1885 — Les Sens. Suite de cinq compositions représentées dans des encadrements ornementés, par Martinet et Queverdo. Superbes épreuves avec marges.

1886 — Produit du baiser, par Martinet. Très belle épreuve, marge.

RAIMONDI (Marc-Antoine)

1886 bis — Le Triomphe (B., 213). Copie.—Apollon et Daphné, par A. Venitien (B., 317), — Les Trois Grâces, par Marc de Ravenne (B., 341). Copie. — Mars, Vénus et l'Amour (B., 345), — Le Quos ego, le sujet du milieu (B., 352). Cinq pièces. Belles épreuves.

1887 — Le Martyre de saint Laurent, d'après B. Bandinelli (B., 104). Belle épreuve.

1888 — Marche de Silène, par A. Vénitien (B.. 240). Très belle épreuve, portant la signature de P. Mariette 1667; ayant l'adresse de Salamanca.

1889 — La même estampe. Très belle épreuve du même état.

RAINALDI (J.)

1889 *bis* — *Farnèse* (Octavio), en cuirasse, sur un cheval richement caparaçonné. In-fol. Très belle épreuve. Rare.

RANSONNETTE?

1890 — Académie de peinture, in-fol. en largeur. Très belle épreuve avant toute lettre, marge.

RAOUX (d'après)

1891 — Le Rendez-vous agréable. Très belle épreuve, marge

REGNESSON (NICOLAS)

1892 — Anne-Marie-Louise d'Orléans, duchesse de Montpensier, 1661, in-fol. Très belle épreuve.

REMBRANDT (P. VAN RHYN)

1893 — Rembrandt et sa mère (B., 19), — Vieillard à grande barbe et tête chauve (B., 29). Deux pièces. Belles épreuves.

1894 — Portrait de Rembrandt dessinant (B., 22). Ancienne épreuve.

1895 — Présentation au temple (B., 49), — Présentation au temple avec l'ange (B., 51), — Fuite en Egypte (B., 52). Trois pièces. Bonnes épreuves.

1896 — Fuite en Egypte, effet de nuit (B., 53.) — Fuite en Egypte, passage de l'eau (B., 55), — Repos en Egypte (B., 57). Trois pièces. Belles épreuves.

1897 — Jésus-Christ prêchant, ou la Petite Tombe (B., 67). Belle épreuve.

1898 — Le Denier de César (B., 68), — Le Maître d'école (B., 128), — Le Dessinateur (B., 130). Trois pièces. Belles épreuves.

REMBRANDT (P. Van Rhyn)

1899 — La Samaritaine (B., 70), — La Samaritaine dite aux ruines (B., 71). — La Petite Résurrection de Lazare (B., 72). Trois pièces. Belles épreuves.

1900 — Jésus-Christ présenté au peuple (B., 76), Dutuit, 83. Très belle épreuve du huitième état. Collection Malval.

1901 — Les disciples d'Emmaüs, (B., 87). Belle épreuve.

1902 — Le Retour de l'Enfant prodigue, (B., 91). Très belle épreuve.

1903 — Le Baptême de l'ennuque, (B., 98). Ancienne épreuve.

1904 — Saint Jérome, (B., 105). Bonne épreuve.

1905 — La Fortune contraire, (B., 111). Belle épreuve avant l'inscription au verso.

1906 — Les Musiciens ambulants, (B., 117). Très belle épreuve du premier état, avant les tailles additionnelles sur la poitrine de l'enfant.

1907 — La Coupeuse d'ongles, (B., 127). Superbe épreuve.

1908 — Le Dessinateur d'après le modèle (B., 192), — Figures Académiques d'hommes, (B., 194). Deux pièces. Belles épreuves.

1909 — Les Baigneurs, (B., 195). Deux épreuves, dont une du premier état.

1910 — Homme avec chaîne et croix, (B., 261), — Homme à barbe courte et bonnet fourré, (B., 263). Deux pièces. Belles épreuves.

1911 — Portraits de Janus Silvius, (B., 206), — Utenbogardus, (B., 279). Deux pièces. Bonnes épreuves.

1912 — Portrait de Faustus, (B., 270). Belle épreuve avant les tailles verticales sur l'épaule droite du personnage, avant les troisième tailles sur le livre à fermoirs placé à droite à la hauteur du bas de la fenêtre.

1913 — Portrait de Clément de Jonghe, (B., 272). Deux épreuves, des 5e et 6e états.

REMBRANDT (P. Van Rhyn)

1914 — Portrait d'Abraham France, (B., 273), Deux épreuves,
— Portrait de Jean Lutma (B. 276). Trois pièces. Anciennes épreuves.

1915 — *Asselyn* (Jean), peintre (B., 277). Belle épreuve.

1916 — Utenbogaerd, connu sous le nom du : Peseur d'or (B., 281) Très belle et ancienne épreuve.

1917 — La Fuite en Égypte, — Le Peseur d'or, — Le Paysage aux trois arbres, — Le Bourgmestre Six, etc. Six pièces. copies ou imitations de Rembrandt.

REMBRANDT (d'après)

1918 — *Rembrandt Van Ryn*, gravé à la manière noire, in-fol. Très belle épreuve, marge.

RENI (Guido), (École de)

1919 — Saint Jérome dans une grotte, — La Vierge avec l'Enfant Jésus (B., 6), — Saint Jean-Baptiste, d'après Le Guide, par J. Rossi le vieux. Trois pièces. Très belles épreuves.

RENI (Guido), PICCIONI et BADOLOCCHIO

1920 — La Fille portant le coussin (B., 48), — La Fille portant un crucifix (B. 49). 1er et second état, — La Vierge avec l'Enfant Jésus (B., 51), — Saint Roch distribuant son bien aux pauvres (B., 53), — Laocoon (B., 33). — La Nativité (B., 2). Sept pièces. Très belles épreuves.

REVERDINO (G.)

1921 — Le Jugement universel (B., 15). Belle épreuve.

REYNOLDS (d'après)

1922 — *Bartolozzi* (F.), par R. Marcuart, in-fol. Très belle épreuve.

REYNOLDS (d'après Sir J.)

1923 — *Kildare* (Emily, Countess of), par J.-M. Ardell. Très belle épreuve.

REYNOLDS (S.-W.)

1924 — *Grassini* (Madame), dans le rôle de Zaïre, d'après Madame Lebrun, in-fol. Très belle épreuve, marge.

RIBERA (J.)

1925 — Saint Jérôme (B., 5). Superbe épreuve avec les couleurs d'eau-forte très apparentes.

RICHOMME (J.-Th.)

1926 — La Sainte Famille, d'après Raphaël. Rare épreuve avant toutes lettres, non entièrement terminée.

RIGAUD (J.)

1927 — Réception des chevaliers de l'ordre du Saint-Esprit dans la chapelle de Versailles lors de la grande promotion du 3 juin 1724. Très belle épreuve.

1928 — L'adoration des rois (B., 6). Très belle épreuve.

1929 — L'homme attaché à un arbre par l'Amour (B., 25). Belle épreuve.

ROGERS (W.)

1930 — *Savoie* (Charles Emmanuel, duc de), in-fol en pied. Très belle épreuve. Rare.

ROMANET (A.)

1931 — *Elisabeth-Philippe-Marie-Hélène* de France, d'après Fontaine, in-8. Très belle épreuve.

1932 — Julie de *Villeneuve-Vence de Saint-Vincent*, d'après Berthélemy, in-4. Très belle épreuve, marge.

ROOS (J.-H.)

1933 — Différents animaux (B., 3, 9, 10, 19, 21, 23, 24 et 25). Huit pièces. Très belles épreuves.

ROSASPINA (F.)

1934 — *Bandettinia* (Teresia), actrice, d'après A. Kauffmann, in-4. Très belle épreuve, marge.

ROTA (Martin)

1935 — *Clusius* (Ch), botaniste (B., 62). Très belle épreuve.

1936 — *Gustave*, roi de Suède (B., 74). Très belle épreuve. —

1937 — *Marie* d'Autriche, reine de Bohême (B., 80). Belle épreuve.

1938 — *Médicis* (Cosme II de), duc de Florence (B., 85). Très belle épreuve.

1939 — *Isabella-Augusta*, femme de l'empereur Charles V (Pass., 125). in-8. Très belle épreuve.

1940 — *Perrenot* (Antoine), Evêque d'Arras, in-4, non décrit. Très belle épreuve.

RUBENS (d'après P.-P.)

1941 — **Anonymes.** Couronnement de la Vierge par deux anges, au milieu d'une troupe d'autres anges (B., 19 des sujets de Vierge). Très belle épreuve.

1942 — Hélène *Forman*, seconde femme de Rubens, in-fol. en manière noire. Très belle épreuve avant la lettre.

1942 *bis* — **Bloemaert** (C.). Méléagre qui présente la hure du sanglier à Atalante (B., 21 des sujets de la fable). Très belle épreuve.

1943 — **Bolswert** (S. A.). Trinité où l'on voit Jésus-Christ mort sur les genoux du Père éternel (B., 123 du N. T). Très belle épreuve, marge.

RUBENS (d'après P.-P.)

1944 — **Bolswert** (S. A.). L'enfant Jésus sur une table et caressant la sainte Vierge (B., 34 des sujets de Vierges). Très belle épreuve.

1945 — Petits Paysages (B., 27, 2 et 5), des différentes suites. Deux pièces. Très belles épreuves.

1946 — **Bailliu** (P. de). Prière ou jardin des Oliviers (B., 66 du N. T.). Très belle épreuve.

1947 — **Clouet** (P.). Une femme seule debout ayant une fraise au col (B., 51). Très belle épreuve.

1948 — Paysage représentant l'hiver. Belle épreuve.

1949 — **Dalen** (C. Van). Les Quatre Pères de l'Église (B., 3 des sujets d'histoire et Allégories sacrées). Très belle épreuve:

1950 — **Galle** (C.). Une Vierge dans une niche, à laquelle des enfants attachent des guirlandes de fruits (B., 63 des sujets de Vierges). Belle épreuve.

1951 — **Kessel** (Th. Van). L'Abondance, représentée sous la figure d'une femme qui tient une corne d'abondance remplie de fruits (B., 27 des sujets d'histoire et allégories). Très belle épreuve.

1952 — **Pannels**. Enée portant son père Anchise. Pièce non décrite. Très belle épreuve.

1953 — **Pontius** (Paul). Saint Roch priant pour les pestiférés (B., 44 des sujets de saints). Très belle épreuve.

1954 — **Popels** (J.). Triomphe de Bacchus monté sur un âne (B. 61 des sujets de la fable). Très belle épreuve.

1955 — **Soutman** (P.). Sennacherib, épouvanté du carnage que l'ange exterminateur fait de son armée (B., 25 de l'ancien testament). Très belle épreuve.

1956 — Le Sacre d'un évêque (B., 47 des sujets de saints). Très belle épreuve.

1957 — L'Enlèvement de Proserpine (B., 37 des sujets de la fable). Très belle épreuve du premier état, avec l'adresse du graveur.

RUBENS (d'après P.-P.)

1958 — **Soutman** (P.). Le Grand Sultan, ou són Visir à cheval (B., 34 des sujets d'histoire, allégories, etc). Très belle épreuve.

1959 — Silène ivre soutenu par une Satyre et une négressse. Très belle épreuve du 1er état avant les draperies au Silène.

1960 — **Spruyt**. Un groupe de quatre enfants avec des fruits et un mouton (B., 42 des Allégories). Très belle épreuve.

1961 — **Suyderhoef**. Bacchus ivre soutenu par un Satyre et par un Maure qui tient une coupe à la main (B. 58 des sujets de la fable). Très belle épreuve.

1962 — La même estampe. Très belle épreuve, la marge du bas est coupée.

1963 — **Visscher** (C). Saint François d'Assise, recevant l'Enfant Jésus des mains de la Sainte Vierge (B., 13 des sujets de saints). Très belle épreuve du 1er état, avant le nom de Visscher.

1964 — **Vorsterman** (Lucas). Saint François d'Assise recevant les Stigmates (B., 11 des sujets de saints). Belle épreuve.

1965 — **Witdouc** (J.). Sainte famille, ou la Vierge assise tient l'Enfant Jésus qui dort sur son sein (B., 50 des sujets de Vierges). Belle épreuve.

1966 — Saint Ildefonse recevant un chasuble des mains de la Sainte Vierge (B., 31 des sujets de saints). Très belle épreuve.

1967 — **Wyngaerde** (F. Van den). Des soldats faisant tapage (B. 63 histoire et allégorie). Très belle épreuve.

1968 — Estampes tirées de la galerie du palais du Luxembourg. 17 pièces. Très belles épreuves.

RUISDAEL (J.)

1969 — Le Petit pont (B., 1). Belle épreuve.

RUOTTE

1970 — *Gonthier*, dans le rôle de Perette, de Fanfan et Colas, d'après Lemoine, in-4. Trés belle épreuve, marge.

1971 — *Raucourt* (Mlle), d'après Gros, in-fol. Très belle épreuve, grande marge.

RUOTTE ET R. DE LAUNAY

1972 — *Albouy d'Azincourt* (J.-J.-B.). Deux portraits différents, in-8 et in-4. Belles épreuves.

RYLAND (G.-W.)

1973 — Maria, d'après Angelica Hauffmann. Très belle épreuve.

1974 — Vénus sur un char traîné par les Amours, d'après A. Kauffmann. Très belle épreuve.

SADELER (Raphael)

1975 — *Charles-Emmanuel*, duc de Savoie, d'après J. Carrara, in-fol à cheval. Superbe épreuve.

SADELER (G.)

1976 — *Vos* (Martin de), d'après Heinz, in-fol. Belle épreuve.

SAENREDAM (J.)

1977 — Deux pièces de l'histoire d'Adam (B. 13 et 15), d'après Bloemart, — Mars et Vénus, d'après P. Isaac (B., 194), — Toilette de Vénus, par Sadeler d'après Spranger. Quatre pièces. Très belles épreuves.

1978 — Pluton recevant les caresses de Proserpine, d'après Goltzius (B., 54). Très belle épreuve.

1979 — Six Nymphes de la suite de Diane, représentées deux à deux dans des paysages, suite de trois estampes d'après Goltzius (B. 59-61). Très belles épreuves.

SAENREDAM (J.)

1980 — Pallas, — Vénus et Junon (B., 62-64). Suite de trois pièces, d'après Goltzius. Superbes épreuves avec marges.

1981 — Vénus assise sur un lit entre Bacchus et Cérès, d'après Goltzius (B., 69). Superbe épreuve.

1982 — Des Amants et leurs maîtresses implorant l'assistance de Vénus (B., 71), — Des buveurs demandant à Bacchus la continuation de ses dons (B., 72). Deux pièces d'après Goltzius. Superbes épreuves

1983 — La Foi, — L'Espérance et la Charité. Suite de trois pièces d'après Goltzius (B., 81-83). Superbes épreuves avec marges.

SAFTLEVEN (Herman)

1984 — *Saftleven* (Herman), vu à mi-corps (B., 1). Superbe épreuve, collection Debois.

SAINT-NON

1985 — Fêtes de village, d'après Benard, — Vue des jardins de la villa Borghèse, d'après Robert. Trois pièces. Belles épreuves.

SAINT-AUBIN (d'après G. de)

1986 — Ballet dansé au théâtre de l'Opéra dans le *Carnaval du Parnasse*, — La Guinguette, divertissement pantomine du théâtre Italien. Deux pièces faisant pendants gravées par F. Bazan. Très belles épreuves.

1987 — Les enfants bien avisés, par P.-F. Tardieu. Très belle épreuve, marge.

SAINT-AUBIN (Aug. de)

1988 — Au moins soyez discret, — Comptez sur mes serments. Deux pièces faisant pendants (406-406). Superbes épreuves avant toutes lettres, seulement le nom de : *Aug. de Saint-Aubin delin. et sculpt.*, tracé à la pointe, sous le trait carré, grandes marges.

SAINT-AUBIN (Aug. de)

1989 — Louise Emilie, baronne de ***, — Adrienne-Sophie, Marquise de ***. Deux pièces faisant pendants (E. B. 7 et 72). Très belles épreuves.

1990 — Jupiter et Léda, d'après Paul Véronèse, — La même composition gravée à l'eau-forte par Saint-Aubin et terminée par Romanet. Deux pièces. Très belles épreuves.

1991 — Le Réfractaire amoureux. Très belle épreuve tirée avant que la figure de l'abbé ait été remplacée par celle d'un officier; marge.

1992 — *Belloy* (P. Lau. de), d'après Sampsois, — *Helvetius* (G.-A.). d'après Vanloo. Deux portraits in-8 et in-4. Belles épreuves.

1993 — *Buffon* (le comte de), in-4 (E.-B. 31). Très belle épreuve.

1994 — *Conti* (fortuné Marie d'Este, princesse de), d'après une médaille ; sur la même feuille, la reproduction du verso de la même médaille. Très belle épreuve.

1995 — *Le Kain* (H.-L.), d'après Lenoir, in-fol. Très belle épreuve du 1er état, avant les vers sur la tablette, marge.

1996 — *Molé*, Comédien, d'après Aubri, in-4. Très belle épreuve avant la lettre, marge.

1997 — *Necker*, d'après Duplessis, in-fol. Bonne épreuve.

1998 — *Renouard* (la famille), représentée sur une même feuille, in-4 (235). Très belle épreuve sur chine, marge.

1998 *bis* — *Silvestre* (Louis de), d'après Greuze, in-fol. Superbe épreuve avant la lettre, marge.

1999 — *Vandergoes* (Gertrude-Françoise), in-8 (260). Très belle épreuve, marge.

SAINT-AUBIN (d'après Aug. de)

2000 — Tableau des portraits à la mode, — Promenade des remparts de Paris. Deux pièces faisant pendants gravées par P.-F. Courtois (278 et 382). Superbes épreuves, la première a une grande marge.

SAINT-AUBIN (d'après Aug. de)

2001 — Mes Gens ou les Commissionnaires ultramontains. Six pièces en hauteur, gravées par Tillard (E. B., 390-395). Très belles et anciennes épreuves, avec marges.

2002 — Le Bal paré, — Le Concert. Deux pièces faisant pendants, gravées par A.-J. Duclos (402-403). Très belles épreuves. Une est remargée.

2003 — La Marchande de châtaignes, par le chevalier de P. (Parlington) (E. B., 440). Très belle épreuve.

SAVART (P.)

2004 — *Alembert* (J. Le Rond d'), d'après Mlle Lusurier (F., 1). Superbe épreuve avant toute lettre.

2005 — Le même portrait. Très belle épreuve.

2006 — *Bayle* (Pierre) (F., 2). Belle épreuve.

2007 — *Bernis* (François-Joachim de Pierre d'), d'après Callet (3). Belle épreuve.

2008 — *Boileau-Despréaux* (Nicolas), d'après Rigaud (4). Belle épreuve.

2009 — *Bossuet* (Jacques-Bénigne), d'après Rigaud (6). Très belle épreuve du deuxième état, avec la première adresse.

2010 — *La Bruyère* (J. de), d'après de Saint-Jean (8). Belle épreuve.

2011 — *Buffon* (George-Louis-Leclerc, comte de), d'après Drouais (9). Belle épreuve.

2012 — *Catinat* (Nicolas de) (10). Belle épreuve.

2013 — *Colbert* (J.-B.), d'après Champaigne (14). Belle épreuve avec l'adresse de Barrière Fontarabie.

2014 — *Condé* (Louis de Bourbon, prince de), d'après Juste (15). Très belle épreuve, d'un état non décrit, avant l'adresse et avant les mots : *Bataille de Rocroy* sur le médaillon.

SAVART (P.)

2015 — *Fontenelle* (Bernard de), d'après le Moine (20). Belle épreuve, toute marge.

2016 — *Livry* (Nicolas de), d'après L. Tocqué (24). Belle épreuve, avec le bas-relief.

2017 — *Louis le Grand*, d'après Rigaud (23). Belle épreuve, avec l'adresse de : Barrière Fontarabie.

2018 — *Rabelais* (François), d'après Sarrabat. Très belle épreuve.

2019 — *Racine* (Jean), d'après Santerre (30). Belle épreuve avec l'adresse : Barrière de Fontarabie.

2020 — *Richelieu* (Armand Du Plessis, cardinal de). Belle épreuve.

2021 — *Torquato Tasso* (34). Belle épreuve du premier état, avant l'adresse, marge.

SCHELLENBERG

2022 — Expérience aérostatique (l'incendie du ballon), petite pièce in-8 en hauteur. Très belle épreuve, marge. -

SCHENAU

2023 — Jeux d'enfants et études de têtes. Suite de douze pièces, dont un titre, gravées à l'eau-forte. Très belles épreuves.

2024 — Quatre pièces, doubles des précédentes. Belles épreuves.

SCHENAU (d'après)

2025 — L'Aimable blanchisseuse, — La Gentille repasseuse. Deux pièces faisant pendants, gravées à l'eau-forte, par Littret et terminées par Romanet. Très belles épreuves, grandes marges.

2026 — La Belle fileuse, — L'Ouvrière en dentelle. Deux pièces faisant pendants, gravées par R. Gaillard. Très belles épreuves. Grandes marges.

SCHENAU (d'après)

2027 — Carême prenant, par Voyez. Très belle épreuve.

2028 — L'Écureuil content, par R. Gaillard. Très belle épreuve, avec marge.

2029 — La Fille rusée, par B.-L. Prévost. Très belle épreuve, marge.

2030 — L'Innocence vengée, par Mesnil. Belle épreuve.

2031 — La Lanterne magique, — l'Origine de la peinture, ou les portraits à la mode. Deux pièces faisant pendants, gravées par J. Ouvrier. Superbes épreuves, grandes marges.

2031 *bis*. — Le Miroir brisé, par Chevillet. Superbe épreuve avant la lettre.

2032 — Le Petit marché, — La Brouette par terre. Deux pièces gravées par Ouvrier et Varin. Belles épreuves.

2033 — L'Optique, à la sanguine. Très belle épreuve.

SCHMIDT (G.-F.)

2034 — *De La Tour*, représenté à mi-corps, regardant par une fenêtre, d'après lui-même (J. 50). Très belle épreuve.

2035 — *Grapendorff* (L.-Alb. de Brandt, baronne de) (J. 74). Très belle et rare épreuve du premier état, avant les noms des artistes ; grande marge.

2036 — *La Tour* (Maurice-Quentin de), sur un chevalet, d'après lui-même (J., 89). Superbe épreuve, grande marge.

2037 — Le Buste d'un vieux guerrier (J., 116). Très belle épreuve.

2038 — Le Buste d'un jeune homme, d'après Rembrandt (J., 117). Très belle épreuve.

2039 — Un Vieillard habillé en Persan, d'après Rembrandt (J., 120). Très belle épreuve.

SCHMIDT (G.-F.)

2040 — Le Portrait d'une jeune femme, d'après Rembrandt (J., 125). Très belle épreuve.

2041 — Une Jeune fille dans un ovale, d'après Flinck (J., 126). Très belle épreuve.

2042 — Le Buste d'un homme à tête nue, vu de face, d'après Rembrandt (J., 127). Très belle épreuve.

2043 — Le Buste d'un vieillard, d'après Flinck (J., 131). Très belle épreuve.

2044 — Le Portrait de Schmidt, gravé dans la manière de Rembrandt (J., 154). Très belle épreuve.

2045 — Le Prince de Gueldre menaçant son père emprisonné (J., 137). Très belle épreuve.

2046 — *Clairon* (Mlle), d'après Cochin, in-4 (140). Très belle épreuve.

2047 — Le Portrait de Schmidt avec l'araignée (J., 141). Très belle épreuve.

2048 — Le Portrait de Mme Schmidt (J., 142). Très belle épreuve.

2049 — Le Portrait d'un jeune homme, d'après Rembrandt (J., 150). Très belle épreuve.

2050 — Le Portrait de Rembrandt dans son moyen âge (J., 151). Très belle épreuve.

2051 — Deux Paysans flamands, d'après Ostade (J. 160). Très belle épreuve.

2052 — Le Buste de la sainte Vierge en dévotion, d'après Sasso Ferrato (J., 163). Très belle épreuve.

2053 — La Résurrection de la fille de Jaïre, d'après Rembrandt (J., 165). Très belle épreuve.

2054 — Le Philosophe dans sa grotte, d'après Rembrandt (J.. 166). Très belle épreuve.

SCHMIDT (G.-F.)

2055 — La Présentation au temple, d'après Dietricy (G., 167). Très belle épreuve.

2056 — Saint Pierre après le reniement de son maître (J. 170). Très belle épreuve, avec marge.

2057 — Loth avec ses filles, d'après Rembrandt (J., 173). Très belle épreuve.

2058 — Sarah donne sa servante Agar pour femme à Abraham, d'après Dietricy (J., 175). Très belle épreuve.

2059 — Le Vieux Tobie raillé par sa femme, d'après Rembrandt (J., 177). Très belle épreuve.

SCHMUZER (J.)

2060 — *Dietricy* (Ch.-G.-Ernest), d'après lui-même, in-fol. Belle épreuve.

SCHUPPEN (P. Van)

2061 — *Este* (Rainaud d'), cardinal, in-fol. Très belle épreuve.

2062 — *Fromentière* (Jean-Louis de), évêque in-8. Belle épreuve.

2063 — *La Raynie* (G.-Nic. de), d'après Mignard, in-fol. Très belle épreuve.

2064 — *Le Tellier* (Michel), chancelier, d'après Nanteuil. Très belle épreuve, marge.

2065 — *Marie-Jeanne-Baptiste de Savoye*, duchesse de Savoye, princesse de Piémont, d'après Beaubrun, in-fol. Très belle épreuve. Rare.

2066 — *Vender-Meulen* (François), d'après Largillière, in-fol. Très belle épreuve, marge.

SCHUT (C.)

2067 — Triomphe de la Paix. Très belle épreuve.

SELMA (F.)

2068 — *Asturias* (Luisa de Borbon, princesa de), in-8. Belle épreuve.

SERGENT (A.)

2069 — Expérience du globe aérostatiqoe de MM. Charles et Robert, faite dans le jardin des Tuileries le 1ᵉʳ décembre 1783. — Mᵍʳ le duc de Chartres et M. le duc de Fitz-Jame signent le procès-verbal qui constate l'arrivée de MM. Charles et Robert dans la prairie de Nesle. Deux pièces faisant pendants. Très belles épreuves, marges.

SERGENT (d'après)

2070 — Vue de la place d'Henri quatre, prise sur l'eau, gravé en couleur par Le Campion. Très belle épreuve.

SHERWIN (J.-K.)

2071 — *Reynolds* (sir Joshua), d'après lui-même, in-fol. Très belle épreuve.

2072 — *Woollett* (William), célèbre graveur, in-fol. Très belle épreuve, marge.

SILVESTRE (Israel)

2073 — Vues de Paris et des environs. Huit pièces. Très belles épreuves.

SILVESTRE, CHATILLON et PERELLE

2074 — Église de Clichy-la-Garenne. — La Gallerie du Louvre, — Chasteau de Meudon, — L'Isle du Palais derrière Notre-Dame. Quatre pièces.

SIMONNEAU (L.)

2075 — *Charmois* (Martin de), d'après Bourdon, in-fol. Très belle épreuve.

2076 — *Mansart* (J. Hardouin), d'après Détroy, in-fol. Très belle épreuve, marge.

SIMONS (Marie-Elizabeth)

2077 — Le Médecin aux urines, d'après W. Mieris. Très belle épreuve.

SIMON (J.)

2078 — *Élisabeth*, reine d'Angleterre, in-fol. en manière noire, d'après Hillyard. Très belle épreuve.

SINGLETON (d'après H.)

2079 — British Plenty, par Knigt. Très belle épreuve,

SLODTZ et DANDRÉ-BARDON (d'après)

2080 — Frontispice pour le mariage du Dauphin, par Flipart, — Louis le Bien-Aimé, par Fessard. Deux pièces. belles épreuves.

SMITH (J.)

2081 — *Cornaro* (F.), d'après Agar, in-fol., en manière noire. Très belle épreuve.

2082 — *Henley* (Antony), d'après Kneller, — *Cross* (Mrs), d'après Hill. Deux portraits in-fol., en manière noire. Très belles épreuves.

2083 — *Kynnesman* (Anne F.), d'après Schalken, in-fol. Très belle épreuve.

2084 — *Schalken* (G.), d'après lui-même, in-fol., en manière noire. Belle épreuve.

STRANGE (Robert)

2085 — Vénus, — Danaé. Deux pièces faisant pendants, d'après Titien. Belles épreuves, texte du bas coupé.

SUNTACH (J.)

2086 — *Le Brun* (Mme), d'après Denon, in-4. Belle épreuve.

SURUGUE (L.)

2087 — Mad. de **, en habit de bal (M*me* de Monchy), d'après Ch. Coypel, in-fol. Très belle épreuve.

2088 — *Boullongne* (Louis de), le père, d'après Mathieu, in-fol. Belle épreuve.

2089 — *Christophe* (Joseph), d'après Drouais, in-fol. Très belle épreuve, avec marge.

2090 — *Fremin* (René), d'après de Latour, in-fol. Très belle épreuve.

2091 — *Silvia* (11), actrice, d'après de la Tour, in-fol. Très belle épreuve, marge.

2092 — Joseph Christophe *de Verdun*, d'après Drouais, in-fol. Très belle épreuve.

SUYDERHOEF (J.)

2093 — Glarges (Gilles de) (W., 29). Belle épreuve du premier état.

2094 — *Heinsius* (Daniel), d'après J. Merek (W. 35). Très belle épreuve du premier état, avec l'adresse de Banheinning.

2095 — *Herman* (François), d'après V. de Geest (37). Très belle épreuve, signée au verso : P. Mariette. 1675.

2096 — *Hoornbeech* (Jean) (W., 40). Très belle épreuve.

2097 — *Jean* sans peur, duc de Bourgogne, d'après Soutman (W., 41). Très belle épreuve, du premier état, avant le numéro.

2098 — *Marie de Bourgogne*, épouse de Maximilien I*er* (54). Très belle épreuve avant le numéro.

2099 — *Philippe III*, roi d'Espagne, d'après Soutman (W., 65). Très belle épreuve du premier état, avant le numéro.

2100 — *Post* (Franç.), peintre, d'après F. Hals (68). Très belle épreuve, mais coupée tout autour.

SUYDERHOEF (J.)

2101 — *Swalm* (Eléazar), d'après Rembrandt (W. 84). Très belle épreuve du premier état, avec l'adresse de P. Goos.

SWANEWELT (H.)

2102 — Salmacis et Hermaphrodite (B., 71), — Balaam (B., 111). Deux pièces. Très belles épreuves de premier état.

TANJÉ (P.)

2103 — Quinkhard peignant le portrait de Tanjé, in-fol. Très belle épreuve.

TARDIEU (Nicolas)

2104 — *Boullongne* (Bon de), d'après lui-même, in-fol. Belle épreuve, avec marge.

TARDIEU (J.)

2105 — *Marie Leszczynska*, d'après Nattier, in-fol. Belle épreuve.

TARDIEU (Alex.)

2106 — *Marie-Antoinette*, archiduchesse d'Autriche, reine de France, représentée en vestale, d'après F. Dumont, in-fol. Très belle épreuve, marge.

TENIERS (D.)

2107 — Les Deux buveurs. Très belle épreuve.

THOMAS (N.)

2108 — *Milly* (Nicolas-Christierne de Thy, comte de), in-4. Très belle épreuve, marge.

THOMASSIN

2109 — *Louis le Grand*. Statue équestre, d'après Coyzevox, in-fol. Très belle épreuve.

THOMASSIN ET N. DE LARMESSIN

2110 — *Thierry* (Jean), sculpteur, d'après de Largillière, — *Coustou* (Guillaume), d'après de Lien. Deux portraits in-fol. Très belles épreuves, grandes marges.

TIÉPOLO (J.-D.)

2111 — Sujets religieux, d'après J.-B. Tiepolo. Six pièces. Très belles épreuves.

TOUZÉ (d'après)

2112 — Les Amusements dangereux, par Voyez le jeune. Très belle épreuve du premier tirage, avec l'adresse de Ponce, grande marge

2113 — La Présidente Tourvel, par Romain Girard. Très belle épreuve.

2114 — Tableau magique de Zémire et Azor, par Voyez le jeune. Belle épreuve.

TROUVAIN (Ant.)

2115 — *Houasse* (René-Ant.), d'après Tortebat (2234), in-fol. Très belle épreuve du premier état, avec la tablette blanche et avant la dédicace, marge.

2116 — Le même portrait. Très belle épreuve du même état, marge.

2117 — *Jouvenet* (Jean), d'après lui-même, in-fol. Très belle épreuve, marge.

2118 — *Le Petit* (Denise Camusot, Mme), in-fol. Très belle épreuve portant au verso une inscription au crayon de la main du roi Louis-Philippe.

2119 — Le même portrait. Superbe épreuve du premier état, avant la lettre.

2120 — *Pesne* (Jean), peintre et graveur, d'après lui-même, in-fol. Très belle épreuve.

VALIN (d'après)

2121 — Paysage avec bacchanale au milieu, gravé par Legrand et Biosse. Très belle épreuve avant la lettre.

VALLÉE (Simon)

2122 — *Pécoil* (Mme de), avec son nègre, d'après H. Rigaud, in-fol. Belle épreuve avant toute lettre.

2123 — Troy (Jean de), d'après F. De Troy, in-fol. Belle épreuve.

VALLET (Pierre)

2124 — Portrait de l'artiste (R. D., 152). Très belle épreuve. Rare.

VANGORP (d'après)

2125 — Combat sur terre et sur mer, gravé en couleur par Chapuy. Très belle épreuve, sans marge.

VANLOO (d'après C.)

2126 — Les Baigneuses, par Lempereur. Très belle épreuve avant toute lettre.

2127 — La Comédie, — La Tragédie. Deux pièces faisant pendants, gravées par Salvador. Très belles épreuves, marges.

2128 — La Confidence, — La Sultane. Deux pièces faisant pendants, gravées par Beauvarlet. Très belles épreuves avant toute lettre.

2129 — Halte d'officiers, par Ravenet. Très belle épreuve.

VANLOO (d'après J.-B. et Ch.)

2130 — Diane et Endymion, — L'Amour menaçant, — Mars et Vénus. Trois pièces gravées par C. le Vasseur et C. de Mechel. Très belles épreuves.

VANLOO (d'après AMÉDÉE P.)

2131 — L'Expérience sur l'électricité, par Beauvarlet. Superbe épreuve avant la lettre, marge.

VENDRAMINI (F.)

2132 — Mlle *George* et Mlle *Bourgoin*, représentées sur une même feuille, dans *Iphigénie en Aulide*, d'après F. Dubois, in-fol. Très belle épreuve, marge.

VERKOLYE ET SCHENCK

2133 — *Moeiart*, d'après Houbraken. — *Picart* (Bernard), d'après Nattier, — *Plaas* (P. Vander), d'après Kneller. Trois portraits in-4 et in-fol. Très belles épreuves.

VERMEULEN (C.)

2134 — *Bertin* (Pierre-Vincent), d'après de Largillière, in-fol. Très belle épreuve.

2135 — *Constantini* (Angelo), sous le figure de Mezetin, en pied, d'après F. de Troy. Belle épreuve.

2136 — *Mignard* (Pierre), d'après lui-même, in-fol. Très belle épreuve.

VERNET (d'après C.)

2137 — Costumes modernes français et anglais, par Levachez. Belle épreuve.

2138 — Les Gastronomes sans argent, — Les Gastronomes en jouissance. Deux pièces en couleur faisant pendants, gravées par Coqueret et Commarieux. Très belles épreuves, grandes marges.

2139 — Les Payables, par Darcis. Belle épreuve, sans marge.

VICO (ENÉE)

2140 — L'Académie de Baccio Bandinelli (B., 49), — L'Académie de B. Bandinelli, gravée par Augustin Vénitien (B., 418). Deux pièces. Belles épreuves.

2141 — *Charles-Quint*, empereur (B., 255). Belle épreuve.

VIDAL

2142 — *Beaumesnil* (H.-A.), de l'Académie royale de musique, d'après Pujos, in-fol. Très belle épreuve.

VIEN (J.)

2143 — Loth et ses filles, d'après J. F. de Troy (P. de B., 1). Très belle épreuve.

VIEN (d'après)

2144 — Autel du jeune Bacchus. — Jeune Circassienne au bain. Deux pièces faisant pendants, gravées par E.-J. Glairon-Mondet. Superbes épreuves, toutes marges.

VILLAMENA (F.)

2145 — *Bellarminus* (Robertus), in-fol. Belle épreuve.

VILLEBOIS (d'après)

2146 — Le Jeune élève, par Le Bas. Très belle épreuve, marge.

VISSCHER (C.)

2147 — Le Pape Alexandre VII (Sm., 86). Très belle épreuve.

2148 — *Bouma* (Gellius de), in-fol. Très belle épreuve avant la date : 1656, marge.

2149 — Coppenol (Lieven van), célèbre calligraphe (Sm., 93). Très belle épreuve, marge.

2150 — Junius (Robert) (99). Très belle épreuve avant l'adresse de P. Goos.

WISSCHER (C.)

2151 — *Merius* (Jean), pasteur (Sm., 103). Belle épreuve.

2152 — *Vondel*, poète hollandais (S., 120). Très belle épreuve.

VISSCHER (J. DE)

2153 — Le Tâtonneur, d'après Ostade. Très belle épreuve.

2154 — Les Quatre heures du jour, d'après Berghem. Suite de quatre pièces. Très belles épreuves.

2155 — *Hulst* (A van der), vice-amiral, in-fol. Très belle épreuve.

2156 — *Proelius* (P.), pasteur, d'après van Noort. Très belle épreuve avec marge.

VISSCHER (LAMBERT)

2157 — Jeune homme portant un chat et lui pinçant l'oreille, d'après J. Vanloo. Très belle épreuve du premier état, avant le trait carré renforcé au burin.

2158 — *Marie-Thérèse d'Autriche*, d'après Vanloo, in-fol. Belle épreuve.

VISSCHER (excudit)

2159 — *Louise de Colligny*, princesse d'Orange, in-4. Belle épreuve.

VLIET (J.-G. VAN)

2160 — Loth et ses filles (B., 1), — Vieille femme lisant (B., 18), — Buste de vieillard (B., 23). Trois pièces. Très belles épreuves.

VORSTERMAN (L.)

2161 — *Charles-Quint*, empereur, d'après Titien, in-fol. Très belle épreuve, marge.

2162 — *Erasme* (D.), d'après Holbein, in-4. Très belle épreuve.

VORSTERMAN (L.)

2163 — Maugis (Cl.), aumônier du roi, d'après Ph. de Champagne. Belle épreuve.

2164 — *Maximilien*, archiduc d'Autriche, d'après Rubens, in-4. Très belle épreuve.

VORSTERMAN (L.), LE JEUNE

2165 — Portrait d'homme tenant un verre à la main, d'après A. Brouwer, in-4. Très belle épreuve avant la lettre.

VORSTERMAN (L.) ?

2166 — Portrait d'un artiste assis dans son atelier, tenant un verre à la main, in-fol. Très belle épreuve avant toute lettre.

VOS (d'après CORNEILLE DE)

2167 — Le Mariage mystique de sainte Catherine, Martin van den Enden excudit. Très belle épreuve.

VOUILLEMONT (Sébastien)

2168 — *La Rovere* (Julie-Victoire de), grande-duchesse de Toscane (R. D., 62). Très belle épreuve.

VOYEZ (N.-J.)

2169 — Sainte Madeleine, d'après le Brun, — Les Regrets, d'après Coypel. Deux pièces. Belles épreuves, marges.

2170 — *Marie-Antoinette*, reine de France, d'après Vanloo, in-4. Très belle épreuve, avec marge.

WAILLANT (W.)

2171 — *Netscher* (Gaspar), d'après lui-même, in-fol. en manière noire. Très belle épreuve.

WARD (d'après)

2172 — The Lovely brunette, par Williams. Très belle épreuve, marge.

WATERLOO ET REMBRANDT

2173 — Paysages et copies d'estampes de Rembrandt. Huit pièces.

WATSON (J.)

2174 — Miss *Beatson*, d'après Read, in-fol. en manière noire. Très belle épreuve.

2175 — Miss *Bokaveskie*, d'après Peter Lion, in-fol. en manière noire. Très belle épreuve avant la lettre, marge.

WATTEAU (Ant.)

2176 — La Troupe italienne, gravé à l'eau-forte par Watteau et retouché au burin, par Simonneau (de Goncourt, 1). Très belle épreuve, marge.

2177 — Recrue allant joindre le régiment, gravé à l'eau-forte, par Watteau et terminé par Thomassin (2). Très belle épreuve.

WATTEAU (d'après Ant.)

2178 — Antoine Watteau, par B. Lepicié (11). Très belle épreuve, marge.

2179 — Monsieur de Julienne, jouant du violoncelle près de Watteau, par Tardieu (de G., 14). Très belle épreuve, grande marge.

2180 — *J.-B. Rebel*, par J. Moyreau (16). Belle épreuve.

2181 — Antoine de la Roque, par Lépicié (17). Très belle épreuve, marge.

2182 — Retour de chasse, par B. Audran (18). Très belle épreuve du premier état, avant le privilège.

2183 — La Peinture, — La Sculpture. Deux pièces faisant pendants, gravées par Desplaces (20 et 21). Belles épreuves, marges.

2184 — Le Naufrage, par Caylus (24). Très belle épreuve, grande marge.

WATTEAU (d'après ANT.)

2185 — *Qu'ay-je fait assassins maudits*, gravé à l'eau-forte par Caylus et terminé au burin, par Joullain (25). Très rare épreuve à l'état d'eau-forte, avant les armes et le numéro.

2186 — La même estampe. Très belle épreuve, terminée, avec les armes, mais avant le numéro, marge.

2187 — La Sainte famille, par Jeanne Renard du Bos (31). Très belle épreuve du premier état.

2188 — Diane au bain, par P. Aveline (32). Très belle épreuve, avec toute sa marge.

2189 — Acis et Galathée, — Chasse aux oiseaux. Deux pièces faisant pendants, gravées par Caylus (31 et 191). Très belles épreuves.

2190 — L'Amour mal accompagné, par Dupin (34). Belle épreuve.

2191 — Les Amusements de Cythère, par L. Surugue (35). Superbe épreuve avec toute sa marge.

2192 — Les Enfants de Bacchus, par Fessard (37). Belle épreuve.

2193 — Fêtes au dieu Pan, par M. Aubert (40). Superbe épreuve, grande marge.

2194 — Pomone, par Boucher (41). Superbe épreuve, grande marge.

2195 — Le Sommeil dangereux, par Liotard (41). Très belle épreuve.

2196 — Le Printemps, — L'Esté, — L'Automne, — L'hyver. Suite de quatre pièces en hauteur, gravées par Desplaces, Renard du Bos, Faissar et Audran (46-49). Très belles épreuves. Deux ont de grandes marges.

2197 — Louis XIV mettant le cordon bleu à Mgr le duc de Bourgogne, par N. de Larmessin (50). Superbe épreuve, marge.

WATTEAU (d'après ANT.)

2198 — Camp volant, par N. Cochin (52). Très belle épreuve du premier état, marge.

2199 — Retour de campagne, par N. Cochin (53). Superbe épreuve du premier état, marge.

2200 — Les Délassements de la guerre, — Les Fatigues de la guerre. Deux pièces faisant pendants, gravées par G. Scotin (54-55). Très belles épreuves, marges.

2201 — Escorte d'épuipages, par L. Cars (56). Très belle et rare épreuve avant toute lettre, à l'état d'eau-forte, marge.

2202 — Alte, par J. Moyreau (57). Superbe épreuve, toute marge.

2203 — Défilé, par Moyreau (58). Très belle épreuve.

2204 — L'Alliance de la musique et de la comédie (63). Très belle épreuve, marge.

2205 — Comédiens français, par J.-M. Liotard (64). Très belle épreuve.

2206 — L'Amour au théâtre français, par C.-N. Cochin (65). Très belle épreuve.

2207 — Comédiens italiens, par Baron (68). Très belle épreuve, grande marge.

2208 — L'Amour au théâtre italien, par C.-N. Cochin (69). Très belle épreuve.

2209 — Départ des Comédiens italiens en 1697 (70). Superbe épreuve, grande marge.

2210 — Le Docteur, — Mezetin. Deux pièces faisant pendants, gravées par B. Audran (73 et 86). Superbes épreuves, grandes marges.

2211 — *Arlequin, Pierrot et Scapin*, par L. Surugue (75). Très belle épreuve, grande marge.

2212 — *Coquette qui pour voir galans au rendez-vous...*, par Thomassin (78). Belle épreuve.

WATTEAU (d'après Ant.)

2213 — L'Amante inquiète, par P. Aveline (81). Très belle épreuve.

2214 — La Finette, — l'Indifférent. Deux pièces faisant pendants, gravées par G. Scotin (83 et 84). Très belles épreuves, marges.

2215 — La Villageoise, par Aveline (90). Très belle épreuve, marge.

2216 — L'Occupation selon l'âge, par Dupuis (92). Très belle épreuve.

2217 — Le Chat malade, par Liotard (93). Très belle épreuve. Rare.

2218 — Bathing (Le Bain), par Aliamet (96). Très belle épreuve.

2219 — L'Accord parfait, par Baron (97). Très belle épreuve.

2220 — Les Agréments de l'été, par Joulin (100). Très belle épreuve.

2221 — Les Agréments de l'esté, par J. de Favanes (99). Superbe épreuve, toute marge.

2222 — L'Amour paisible, par Baron (102). Belle épreuve.

2223 — L'Amour paisible, par J. de Favanes (103). Superbe épreuve, toute marge.

2224 — Amusements champêtres, par B. Audran (104). Très belle épreuve.

2225 — Assemblée galante, par Le Bas (108). Superbe épreuve.

2226 — L'Aventurière, — l'Enchanteur. Deux pièces faisant pendants, gravées par B. Audran (109 et 130). Très belles épreuves, marges.

2226 bis — Le Bain rustique, par Ant. Cardon (110. Très belle épreuve, grande marge.

2227 — Le Bosquet de Bacchus (113). Très belle épreuve, grande marge.

WATTEAU (d'après ANT.)

2228 — La Cascade, par G. Scotin (115). Très belle épreuve.

2229 — Les Champs-Élysées, par N. Tardieu (116). Très belle épreuve.

2230 — Les Charmes de la vie, par P. Aveline (117). Superbe épreuve.

2231 — La Colation, par Moyreau (118). Superbe épreuve, marge.

2232 — Le Concert champêtre, par B. Audran (119). Très belle épreuve.

2233 — La Contredanse, par Brion (122). Belle épreuve.

2234 — La Conversation, par Liotard (123). Superbe épreuve, toute marge.

2235 — Les Deux cousines, par Baron (124). Superbe épreuve, grande marge.

2236 — La Danse paysanne, par B. Audran (125). Très belle épreuve, marge.

2237 — La Diseuse d'aventure, par L. Cars (127). Superbe épreuve avec toute sa marge.

2238 — L'Embarquement pour Cythère, par Tardieu (128). Très belle épreuve.

2239 — Entretiens amoureux, par Liotard (131). Superbe épreuve avec toute sa marge.

2240 — La Famille, par P. Aveline (134). Très belle épreuve.

2241 — Fêtes vénitiennes, par Lau. Cars (135). Très belle et rare épreuve avant toute lettre.

2242 — La même estampe. Très belle épreuve.

2243 — La Game d'amour, par Le Bas (136). Superbe épreuve, grande marge.

2244 — Harlequin jaloux, par Chedel (137). Très belle épreuve, grande marge.

WATTEAU (d'après Ant.)

2245 — L'Ile enchantée, par J.-P. Le Bas (139). Très belle épreuve, marge.

2246 — L'Ille de Cythère, par N. de Larmessin (140). Très belle épreuve.

2247 — La même composition, gravée de format plus grand par P. Mercier. Très belle épreuve. Rare.

2248 — Les Jaloux, par G. Scotin (142). Très belle épreuve, marge.

2249 — Leçon d'amour, par C. Dupuis (144). Superbe épreuve, marge.

2250 — Le Lorgneur, par G. Scotin (146). Très belle épreuve.

2251 — La même estampe. Superbe épreuve avec marge.

2252 — Le Lorgneur, par G. Scotin (146). Très belle épreuve, marge.

2253 — La Partie quarrée, par J. Moyreau (150). Très belle épreuve.

2254 — Le Passe-Temps, par B. Audran (151). Très belle épreuve, marge.

2255 — La Perspective, par Crépy (152). Très belle épreuve.

2256 — Pierrot content, par E. Jeaurat (153). Très belle épreuve, marge.

2257 — Le Plaisir pastoral, par N. Tardieu (154). Superbe épreuve, marge.

2258 — Les Plaisirs du bal, par Scotin (155). Très belle épreuve.

2259 — La Proposition embarrassante, par N. Tardieu (158). Très belle épreuve, marge.

2260 — Récréation italienne, par Aveline (160). Très belle épreuve, marge.

2261 — La Sérénade italienne, par G. Scotin (165). Superbe épreuve avec toute sa marge.

WATTEAU (d'après Ant.)

2262 — La Surprise, par B. Audran (167). Très belle épreuve, marge.

2263 — *Du bel Age, où les jeux remplissent vos désirs...*, par J. Moyreau (173). Très belle épreuve.

2264 — *Heureux âge! âge d'or, où sans inquiétude*, par Tardieu (174). Très belle épreuve.

2265 — *Sous un habit de Mezetin*, par Thomassin (178). Très belle épreuve, marge.

2266 — *Voulez-vous triompher des belles...*, par Thomassin (179). Très belle épreuve, marge.

2267 — L'Eté, par Moireau (183). Belle épreuve.

2268 — Le Colin-Maillard, par E. Brion (187). Très belle épreuve, marge.

2269 — Le Repas de campagne, par Desplaces (188). Superbe épreuve, toute marge.

2270 — L'Indiscret, par Aubert (189). Très belle épreuve.

2271 — La Chute d'Eau, par J. Moyreau (192). Belle épreuve.

2272 — La Ruine, par Baquoy (193). Très belle épreuve, marge.

2273 — Le Marais, — l'Abreuvoir. Deux pièces faisant pendants, gravées par L. Jacob (194 et 195). Superbes épreuves, toutes marges.

2274 — Veue de Vincennes, par Boucher (197). Très belle épreuve.

2275 — Feste bacchique, par J. Moyreau, — la Balanceuse, par Le Bas (199, 200). Deux pièces. Très belles épreuves.

2276 — Le Bouffon, — la Chasseuse. Deux pièces faisant pendants, gravées par Huquier (245, 246). Très belles épreuves, grandes marges.

2277 — L'air, — l'Eau, — la Terre, — le Feu. Suite de quatre pièces gravées par Huquier (253-256). Très belles épreuves.

WATTEAU (d'après Ant.)

2278 — L'Eté, — l'Hiver. Deux pièces gravées par Boucher (258 et 260). Très belles épreuves.

2279 — Le Dénicheur de moineaux, par Boucher (270). Très belle épreuve.

2280 — L'Escarpolette, par Crépy (273). Très belle épreuve.

2281 — Empereur chinois, — Divinité chinoise. Deux pièces faisant pendants, gravées par Huquier (274-275). Très belles épreuves, grandes marges.

2282 — Le Temple de Neptune, — le Temple de Diane. Deux pièces faisant pendants, gravées par Huquier (278-279). Très belles épreuves, grandes marges.

2283 — Les Enfants de Momus, — la Cause badine. Deux pièces gravées par Moyreau (290-291). Très belles épreuves.

2284 — Le Rendez-vous, — l'Amusement. Deux pièces faisant pendants, gravées par Huquier (294-295). Très belles épreuves.

2285 — L'Amusement, par Huquier (295). Belle épreuve.

2286 — Colombine et Arlequin, par J. Moyreau (306). Superbe épreuve, avec marge.

2287 — Paravent de six feuilles. Suite de six pièces gravées par L. Crépy fils (309-314). Très belles épreuves.

2288 — Cinq pièces doubles des précéentes. Superbes épreuves avec grandes marges.

2289 — Dessus de clavecin, d'après le dessin original inventé par Watteau, gravé par Caylus (315). Très belle épreuve.

2290 — Les Plaisirs de l'été, par V.-M. Picot. Très belle épreuve.

2291 — Le Dénicheur de moineaux, — Ballet italien, — Soldats jouant aux cartes. Trois pièces. Très belles épreuves.

2292 — Costumes et études gravés à l'eau-forte, tirées des figures de différents caractères. Dix pièces. Belles épreuves.

WATTEAU (d'après ANT.)

2293 — Têtes de femmes. Deux pièces gravées à la sanguine. Belles épreuves, marges.

WATTEAU (d'après L.)

2294 — *Lantara*, peintre, gravé par G..., in-12. Très belle épreuve.

WHITE (G.)

2295 — *Monoyer* (J.-B.), peintre des fleurs, d'après Kneller, in-fol. en manière noire. Très belle épreuve.

WIERIX (Les)

2296 — Albert, archiduc d'Autriche, en habit de cardinal (Alvin, 1832). Très belle épreuve.

2297 — Le même personnage (A., 1835). Epreuve imprimée sur satin.

2298 — Albert, archiduc d'Autriche, — Isabelle-Claire-Eugénie, son épouse. Deux portraits faisant pendants (A., 1838 et 1954). Très belles épreuves. Rares.

2299 — *Aquanus* (Corneille), savant antiquaire (A., 1856). Belle épreuve, l'inscription du bas coupée.

2300 — *Aquaviva* (Cl.), général de la Société de Jésus (A., 1857). Très belle épreuve, grande marge.

2301 — *Balzac d'Entragues* (Henriette de) (A., 1860). Très belle épreuve, sans marge.

2302 — *Othon* (Frédéric) (A., 1902). Très belle épreuve.

2303 — *L'Hospital* (Michel de), chancelier de France (A., 1931). Très belle épreuve.

2304 — *Isabelle-Claire-Eugénie*, gouvernante des Pays-Bas (A., 1952). Belle épreuve.

2305 — *Maelson* (Fr.), médecin (A., 1968). Très belle épreuve.

2306 — *Marguerite*, femme de Philippe III, roi d'Espagne (A., 1969). Très belle épreuve du 1er état.

WIERIX (Les)

2307 — *Lorraine* (Philibert-Emmanuel de), duc de Mercœur (A., 1988). Très belle épreuve.

2308 — *Philippe-Guillaume*, prince d'Orange (A., 1995). Belle épreuve.

2309 — *Philippe-Guillaume*, prince d'Orange (Al., 1996). Très belle épreuve.

2310 — Misericordarium Domini effigies, — Saint Benigne. Deux pièces. Très belles épreuves.

WILLE (J.-G.)

2311 — Instruction paternelle, d'après Terburg. Belle épreuve,

2312 — Le Maréchal des Logis, d'après P.-A. Wille. Belle épreuve.

2313 — Le Sapeur des gardes suisses. Très belle épreuve avant la lettre, marge.

WILLE (d'après P.-A.)

2314 — Amusement du jeune âge, par Chevillet. Très belle épreuve, marge.

ZASINGER (Mathieu)

2315 — La Décollation de sainte Catherine (B., 8). Belle épreuve.

2316 — Le Grand bal (B., 13). Belle épreuve.

2317 — Les Soldats (B., 20), — Lueur et obscurité (B., 21). Deux pièces. Belles épreuves.

ZUCCARO

2318 — Le Mariage de Psyché et l'Amour, grande estampe en deux planches. Très belle épreuve.

EAUX-FORTES MODERNES

L'ART

2319 — Eaux-fortes tirées du journal *l'Art*, d'après différents maîtres, par Greux, Chauvel, Courtry, Flameng, Unger, Leroy. Quatorze pièces.

BALLIN (A.)

2320 — Paysages et marines, à l'eau-forte. Suite de huit pièces.

BOULARD

2321 — Paysages et marines, d'après J. Dupré. Trois pièces. Epreuves avant la lettre, sur chine.

BOULARD, DAMMAN et G. NANTEUIL

3322 — Portrait de J. Dupré, — Portrait d'une jeune femme, Jacintha, etc. Quatre pièces.

BRACQUEMOND

2323 — Sarcelles (Les Graveurs du dix-huitième siècle, par M. Henri Beraldi, n° 111) avant la lettre, — L'Inconnu (174), avant la lettre, — Vanneaux et Sarcelles (175), avant la lettre. Trois pièces. Très belles épreuves.

2324 — La Servante, d'après Leys (280), — Don Quichotte, d'après Goya (286), — Scène de Rabelais. Trois pièces avant la lettre.

CALAME (A.)

2325 — Paysage en hauteur traversé par une rivière. Belle épreuve avant la lettre.

2326 — Village de Turquie. Belle épreuve, sur Chine.

DELACROIX

2327 — Une Juive d'Alger (19), — Etude de femme nue, vue
de dos (20), — Un Seigneur du temps de François 1er
(22). Trois pièces. Épreuves tirées avant la publication
de Cadart.

DAUBIGNY

2328 — Clair de lune à Valmondois, — Le Chemin montant.
Deux pièces. Belles épreuves avant la lettre.

2329 — Le Passage du Gué, — Parc aux moutons. Deux pièces. Epreuves avant la lettre, tirées sur vieux papier.

2330 — Le Retour de la noce, — Le Printemps. Deux pièces.
Epreuves d'artistes.

2331 — Les Vendanges. Épreuves d'artiste avec les noms à la
pointe, sur japon.

FLAMENG (L.) ET J. GOUPIL

2332 — Le Joyeux compagnon, d'après Hals, — Paysanne.
Deux pièces avant la lettre sur japon.

GREUX (G.)

2333 — Vue intérieure de l'église Notre-Dame. Très belle
épreuve avant la lettre.

HIRSCH (A.)

2334 — La Religieuse, d'après Bonvin. Belle épreuve sur japon, avec dédicace à J. Jacquemart.

JACQUEMART (J.)

2335 — Triptyque allemand du douzième siècle (L. G., 3), —
(L. G., 3), — Vase hispano-moresque (4), — Aiguière à
grotesques d'Urbino (5), — Vénus marine, bas-relief en
bronze italien de la Renaissance (6), — Vase à boire (7)
Cinq pièces.

JACQUEMART (J.)

2336 — Bijoux antiques de la collection Campana (10). Belle épreuve avant la lettre.

2337 — Vase en émail cloisonné (13), — Objets orientaux (14), Buste de Henri III (15), — Trépied ciselé par Gouthière (23), — Le Cabinet des médailles (30). Cinq pièces.

2338 — Une planche de la collection d'armes du comte de Nieuwerkerke (185), — Deux Planches de l'histoire d'Amérique (197), — Courriers, Pays des Ouled Nayls (267), — Intérieur, d'après Half (275). Six pièces. Les deux dernières sont avant la lettre.

2339 — Bords de la Meuse (276), — Jacob van Veen, d'après Hemskerck (277), — Portrait de Rembrandt (270), — Portrait d'homme, d'après A. de Vries (280), — Le Bourgmestre de Leyde et sa femme (282), — La Belle fille de Goya (286), — L'Infante Isabelle (287). Sept pièces. Le numéro 280 est avant la lettre.

2340 — Chasse à courre, d'après Fyt (288), — L'orage, d'après Greuze (294), — Rêve d'amour (296), — Le Liseur, d'après Meissonier (297). Quatre pièces.

2341 — Scène espagnole, d'après Goya (311), — Tête de Christ, d'après L. de Vinci (315), — Octavie, d'après un camée (316). Quatre pièces dont une double.

2342 — Compositions de fleurs (318, 319, 328, 321 et 322). Cinq pièces.

2343 — Souvenirs de voyage (329), — L'Écureuil et la mouche (330), — Le Vieux marché à Fécamp (334), — La Ville et la campagne (340, 341). Cinq pièces.

2344 — Chez Berne-Bellecour (350), — Sir Richard Wallace (376), — Mme Clémentine Fillon (378), avant la lettre. Trois pièces.

2345 — Paysage. d'après Rembrandt (384), — Une Génoise (388), etc. Trois pièces avant la lettre.

JACQUES (Ch.)

2346 — L'Hiver, — Pastorale, — Un Coin de cour, — La Rentrée, — Une Ferme, — Paysage. Six pièces. Épreuves sur chine.

JÉROME

2347 — Le Fumeur turc. Belle épreuve.

LALANNE (M.)

2348 — Un Vieux port de la Normandie, A. Zaandam (Hollande). Deux pièces, épreuves sur papier de Chine.

LELOIR

2349 — Le Musicien. Très belle épreuve avant la lettre.

LEYS (H.)

2350 — Arias Montanus et Jean Moret, chez l'imprimeur Plantin. Très belle épreuve.

2351 — Faust et Wagner. Très belle épreuve.

MANET

2352 — L'Enfant à l'épée, — Danseuse espagnole. Deux pièces, dont une avant la lettre.

MEISSONIER

2353 — Le Petit fumeur. Très belle épreuve sur chine.

2354 — Le Polichinelle. Deux très belles épreuves.

MEISSONIER (d'après)

2355 — L'Audience, par Carey. Très belle épreuve avant la lettre, sur chine, plus une épreuve avec la lettre. Deux pièces.

MILLET (J.-F.)

2356 — La Baratteuse. Très belle épreuve sur japon.

OVERBECK ET VERBOEKHEVEN

2357. — Paysages et animaux. Six pièces gravées à l'eau-forte.

RIBOT ET ROYBET

2358 — Le Cuisinier, — Menu, — Les Joueurs, etc. Six pièces dont une double. Epreuves avant la lettre.

SEYMOUR-HADEN

2359 — Egham, — Old Chelsea, vue de la fenêtre de Whissler. Deux pièces.

VALERIO

2360 — Populations des provinces danubiennes. Quatre pièces. Epreuves sur chine.

Paris. — Typ. Pillet et Dumoulin. 5, rue des Grands-Augustins.

PARIS

TYPOGRAPHIE GEORGES CHAMEROT

19, RUE DES SAINTS-PÈRES, 19